京都花街

舞妓と芸妓のうちあけ話

芸・美・遊・恋・文学　うちらの奥座敷へようこそ

相原恭子　著

目次

京都花街 舞妓と芸妓のうちあけ話
～芸・美・遊・恋・文学 うちらの奥座敷へようこそ～

第一章　芸

華やかな芸妓と舞妓の〝芸〟が、
今も生き続ける「京都花街」。
若い舞妓さんが日々のお稽古を、大きいねえさんたちが、
〝とっておきの昔話〟、芸と人生を語ってくれました。
明治維新の「博覧会」で、
京都を世界にアピールした
〝都をどり〟と舞の名手たち。
明治から現代まで、数多くの人々を魅了してきた
『花街の芸の世界』を見てみましょう。

「大正・昭和・平成の祇園に生きて」

～うちが育った大好きな祇園町《ぎおんまち》～

祇園甲部　元芸妓　桃子（中西みよさん）

桃子さんは大正十二年に京都に生まれ、屋方「明保乃《あけぼの》」の家娘として祇園町で育った。「明保乃」は戦前まで祇園縄手車道にあった〝ぜんざい屋〟で、上澄みが透明なぜんざいで知られた。画家の橋本関雪もお得意さんで、二階のお座敷でスケッチをするなどしばしば訪ねてくれた。文化人が贔屓にしてくれた店だった。芸妓になりたいという遠縁の女性が訪ねて来たのをきっかけに、屋方を始めた。「うちは十七歳の時に芸妓（地方《じかた》）で、お店出ししました。えらい肥えておりまして、横綱〝双葉山〟みたいやと言われて、双葉という名で出たんどす」。お店出しの黒紋付には、双葉山の土俵入りが京友禅で描かれていた。

兵隊さんを慰問した戦時中の芸妓たち

昭和六年に満州事変、十二年に盧溝橋事件の後で、景気が良くなり、祇園町は賑わいを見せ、お座敷が多い頃だった。嵐山など離れたところへは、人力車で行く時代だった。当時は電話代が三銭で、車屋へのチップは五〜六銭。当時の芸妓たちは人力車に乗り慣れていて、引く人が軽く感じるように「深くドテッと腰掛けず、浅く軽く腰掛けたもんどす」。

そうこうするうちに、しだいに軍事色が濃くなり、〝都をどり〟も国策にしたがって、歌題は、昭和十三年「旭光遍輝」、十四年「建武の源」、十五年「輝く聖跡」、十六年「旭光耀海海洋」と、国威宣揚の舞台となって行った。そして、昭和十六年十二月八日、真珠湾攻撃。日本は米国、英国に宣戦した。

芸の師匠が先頭に立ち、たくさんの芸妓・舞妓を連れて軍へ慰問に行った。兵舎には「お酒、食べ物、タバコも、何でもありましたえ」。お偉方の本部といわれた十六師団司令部へも慰問に行き、戦場へ赴く兵隊さんに渡す慰問袋には、芸妓の小物を入れたものだった。

さらに、軍部が公費で芸妓・舞妓に着物、簪《かんざし》、履

当時のぜんざい屋「明保乃」（写真提供：中西みよ）

物など高価なものを次々作ったから、慰問は楽しみだった。「ねえさんたちは、恋人の名前を彫った金や銀で細工がしてある上等なパイプで、タバコを吸ったはりました。『格好ええなあ。うちも欲しいなあ……』と思っておりましたら、慰問の帰りに大きいねえさんにもうて、嬉しうて、毎日磨いてましたんどっせ」。大人ぶりたいハイティーンの頃だった。

祇園で豪遊する軍の高官
組合が贈った『祇園号』

軍の高官、軍需産業や貿易関係者たちは、戦争の好景気に乗って財力があり、花街で豪遊する人が多かった。「あの頃を、黄金時代とお言いやす人もいはります」。花街にかかわる業者も景気が良くなった。「祇園甲部の組合が、軍へ飛行機『祇園号』を二機、贈ったんどす」。当時の金額で六万五千円したと伝えられる。

そのうち戦局は厳しくなり、昭和十八年頃からお座敷は次第になくなった。芸妓もモンペをはいて、鴨川の水をくみ上げてバケツリレーの訓練。「小柄な小まめさんねえさんが川原へ降りて、背の高いうちが引き上げんのどす。『ねえさん！早よおしやす』と叫んでしまいましたわ。非常事態どしたもんねぇ」。お茶屋の女将たちも、軍服に記章やボタンを付けたり、ミシンを踏んだ。

〝都をどり〟は、昭和十八年「皇国のみやび」の後、六年間休演。社会的には、日本の制度法典の改革・

政党政治が再発足した時期だった。昭和二〇年八月十五日に終戦の詔書。八月十七日東久邇宮内閣成立。九月大本営廃止。一〇月特別高等警察・治安維持法廃止。昭和二一年一月一日天皇神格否定の詔書。十一月三日日本国憲法交付と続いた。

祇園町の復興は早く、昭和二一年頃から再びお客さんを迎えた。食糧難や預貯金が引き出せない状況が続いていたが、戦後にうまく商売して成金になった人や、進駐軍の米兵が派手に遊び始め、祇園町は再び活気を取り戻した。

連合軍が京都へ進駐してきたのは、昭和二〇年九月二六日だった。〝……主力は大久保へ、司令部は烏丸四条の大建ビル（後の丸紅ビル）。『ダンス芸妓急募』……、『米兵に笑顔を見せるな、売春婦と間違われる』という指導や『イエス・ノーをはっきりと』そうかと思うと『愛想良く迎えよう』初めて大量の外国兵と接する京都は、文字通りテンヤワンヤ。……〟（昭和四八年三月一日付「京都新聞・花街志」）という状況だった。

一般の人たちが一人二合三勺配給される米に、芋のくずを混ぜて食をつないでいた頃に、祇園町では「お酒とお料理が付いて、お座敷一回五〇〇円という均一料金があったようどす」。料理は粗末なものだったというが、生きるか死ぬかの毎日だった戦時中から思えば、芸妓も客も飲んで唄えること自体、夢のようだった。

憧れの結婚をしたら夫が素人と浮気

「娘の博子が生まれたのは、そんな頃、昭和二一年六月どした」。旦那をとるのは嫌だったから、「結婚できますように！」と〝無言参り〟で願を掛けた。すると、「ほんまに、ご利益があったんどす」。戦争が酷くなり、祇園町も閉鎖状態になりつつあった昭和十八年、引き祝いをして、都ホテルの〝祈りの間〟で結婚式を挙げた。「当時は国賓級のお客さんをもてなさはるのは、〝都ホテル〟か〝つる家〟どした。相手の名前？言いたくおへん。やめときますわ」。

お産の朝は、お手洗いの掃除をして西川さんという法衣屋さんの隣の病院へ行った。「女の子やったから、ほんまに嬉しおしたわ。それなのに、うちが『もうあかん。離婚や』と思うたのは、あの女将さんの一言やった……」。

当時、四条通から縄手を少し上がった今の一銭洋食屋のあたりに料理屋があった。子供が生まれて少しした頃、夫はそこの女将さんのところへ通っていることが発覚。ある日、縄手の郵便局の小さな男の子が、「うちの夫を見て、『あっ、このおっちゃん、いつも向かいの家にいはるで』と言わはったんどす」。思いがけない子供の一言に、我に返った。「おかあさんやねえさんが、近くに居る家で暮らしてたもんやから、亭主には息苦しかったのかも知れへん」。そうこうするうちに、その女将さんが『おめでただ』という噂が流れた。

その子は自分の夫の子ではないのか……、と心配になり、女将さんに聞きに行った。すると玄関に現れた彼女は背が高い別嬪《べっぴん》で、ふてぶてしく言った。「そんなん、生まれて見なけりゃ、わからへんやんか」。

帰り道、『違うなら、違うと言うはずやないか』と心の中で繰り返した。これは黒だと判断した。このままずるずる結婚していて、近所に腹違いの子供が生まれでもしたら、大事な娘が可愛そうだ。狭い祇園町で、人の口に戸は立てられない。結婚までした自分にもプライドがある。別れるしかない。それも、娘が「おとうさん」と呼べるようにならないうちに。

そう決心したものの、「あの家の前を通ると、部屋から灯りが漏れてきます。『一緒にいやはるのやな』と思うと辛うて、悔しうて。情けなくなったもんどす」。家へ走って帰って、逃げ込むように二階へ駆けあがって、しゃくり声があがらないようにハンカチを口の中へいれて、ただ泣き続けた。その料理屋の女将さんを恨み、涙が止まらなくなるのだった。

だが涙も枯れ果てて、我に返ってみると、『悪いのは男やないか。こんなことになったのも、自分の夫があかんのや……』という思いに変わっていった。芸妓なら旦那をとる時代だったが、結婚して逆の立場に立ち、しかも、相手は素人だ。妙な気持ちになった。そのうちに夫の衣類も見たくなくなり、その家へ届けることにした。それでも「靴下やシャツがほころびたままやったら、『芸妓はだらしない。そやから、こんなことになるんや』」と噂されかねない。針を持って、夜なべして繕い物もした。

思えば、憧れていた結婚をしたものの良いことはなかった。「舞妓さんにふられて、お座敷へ遊びに来はって、『かわいそうや』と思うたのが始まりで、結婚してしもうたのどす。遊び人のどうしようもない夫でも、好きになってしもうて……」。

夫はお酒と遊びにお金を使い放題。ほとんど家に居なかった。「いくら『お金持ちで、役者さんみたいなええ男さんや』と人に言われたかて、働きもせえへん男の人なんて、何の魅力もおへんのと違いますか。貯金なんか、使えばすぐになくなりまっせ」。毎日のように縄手の郵便局や銀行へお金を引き出しに行き、それも尽きて、自分の芸妓時代の着物を持って伏見の質屋へ通った。質屋の女主人は「ええべべやけどなぁ……」と言いながら足元を見るかのように、毎回値踏みした。それでも夫は、「帰りに酒を買って来い」と言うのだった。屋方の家娘で年季奉公をしたこともなく育ち、これといった苦労もなく芸妓時代を過ごしていたのに、結婚したら打って変わって生活費を心配する毎日となった。

不幸中の幸いは、女将さんの実家を頼って一家が引っ越してしまったことだった。料理屋の商売が上手く行かなくなったという。子供の物心がまだ付かないうちで、ひとまずホッとした。同じような年頃の子供が、近所で顔を突き合わせて育つことになったら「かないまへん」。

憧れていた結婚も苦労ばかりでこりごりだったし、かといって旦那を取るのも嫌だから、子供を抱えて生活のために、芸妓として再出発することになった。

昭和二五年〝都をどり〟再開
芸妓として再出発

「祇園町が元に戻ったのは昭和二三年頃どした。その年の八月一日に、今度は桃子という名で、また芸妓に出ました」。

戦後の経済復興は目覚ましく、花街は経済界と一体になって繁栄の道をたどり始めた。昭和二五年に〝都をどり〟再開。「歌舞練場ではなくて、南座で開催されたんどっせ」。当時の長唄、浄瑠璃や常磐津などの名手が出演し、吉井勇、谷崎潤一郎も台本を書いた。歌題は「京洛名所鑑」。お客さんは大入りで、戦後間もない時期に、皆が明るい気持ちを持てるような華やかな舞台となった。

「芸妓に戻って初めての都をどりで、感無量どした。ちょうどその頃どすねえ、昭和二五、六年頃だったか、盆踊りが祇園町でもさかんどした。歌舞練場の中庭で、お客さんも芸妓たちも、時

芸妓時代の桃子さん
（写真提供：中西みよ）

を忘れて踊りましたえ。冷房もおへんし、外で夕涼みがてら……、てなもんどした。楽しおしたえ。『みずほ踊り』というのが流行し、戦後の人たちの気分を明るくしたのは、この踊りやったと思いますわ」。

お座敷が多く、毎日酷く忙しかった。「たった四〇分でお風呂へ入ってお化粧して、着替えて出かけたもんどっせ」。子連れで再デビューし、ちょうど時代の波に乗り、仕事があったのは何よりありがたかった。

だが、幼い娘と遊んだり、母親らしく娘を可愛がったりする時間もなく、働かなくてはならなかった。娘が学校へ上がると、昼間は娘が学校へ行っているが、放課後には自分の仕事が始まる。忙しい中、娘の足袋を縫ったり、セーターを編んだりして、母親らしいことをしようと努力してきたのだが、行き違いが続いた。ある日、学校の友人の家へ遊びに行って〝お父さん〟を見た娘は「どうして、うちにはお父さんがいやはらへんの！」などと八つ当たりし、反抗期になると口をきかなくなってしまった。親しくしている商店のご主人に自分の気持ちや、お父さんの話をしてもらって、「ええ娘に育ちました。娘がいてくれて、ほんまに幸せどす」。

当時、景気は上向きとはいっても、クーラーや冷蔵庫はまだまだ普及しない時代。扇風機があれば良いほうだった。夏はお座敷の中は蒸し暑いので、貴船や鴨川、高雄の床へお客さんが連れて行ってくれた。「貴船や高雄は涼しうて、街なかより気温が五、六度低いんどす。そんな宴会は楽しおしたねぇ」。それでも、床を歩けば足袋もすぐに汚れるし、良い着物を着て行くと、汚れはしないかと心配だった。

お茶屋の物干しから〝大文字〟を眺めて宴会

「当時はビルもなにもあらしまへん。祇園町の物干しから大文字が見えたんどっせ」。夏の宴会予約は、まずは物干しからうまっていき、お得意さんでなければ中々物干し席はとれなかった。物干しとはいえ、お茶屋のは広くて欄干がついて、月見台のように立派なものだった。「座ってたら涼しおすけど、うちらは裾を引いて、カツラを被って、籠に入れたビールを下げて、一階から物干しまで、何度往復したことどっしゃろ。暑うて、かないまへんどした」。冷蔵庫が何台もある今とは違って、お茶屋の土間で氷を入れた樽にビールを入れて冷やした。物干しに置いておくと温まってしまうから、少しずつ何度も運んだ。島田の頭を気にしながら、小さな扉をくぐり、細い階段を物干しへ上がった。暑くて汗が噴き出すが、お客さんの前では涼しそうにしていなければならない。

夜も十時を過ぎると、ようやく涼しくなった。三味線の音や唄う声があちこちの物干しから響き、提灯の明かりが灯り、いつまでも宴会は続いた。〝お若いの　遊ばんせ　若いときは二度とない　お年寄り　遊ばんせ　早く遊ばにゃ先がない〟どこからともなく、遊びの唄が響いた。

遊びといえば、節分の行事も昔は華やかだった。二月三・四日頃に〝お化け〟をする。八坂神社で奉納舞をして、夜には仮装してお座敷を回る。日常とは異なる格好、つまり変装して節分の鬼をよける。

「お化けが楽しうて、娘が熱を出して寝ていても、この時ばかりはと、家で念入りに仮装して、大急ぎでお座敷へすっ飛んで行きましたわ」。男装するのが好きだった。「男さんになれば、威張ってられまっしゃろ」。黒のスーツを着て、チョビ髭を生やして、仲良しの芸妓さんがお角隠しをして、〝結婚式〟をしたこともあった。

お座敷を回ると、お客さんたちはご祝儀をはずみ、一杯飲んで踊ったり、お客さんも変装したりと大騒ぎが続いた。「昼間はねえさんに連れられて、東西南北の神社へ四方拝に行ったもんどす」。ねえさんの旦那さんがスポンサーになって、妹たちを連れて皆でお参りした。「自動車で出かけたことがあって、そうしたら珍しいからと、子供たちがぎょうさん集まってきはりましたわ」。年中行事は今もあるが、昔はもっと華やかだった。

五七回出演した『都をどり』
三味線の師匠に憧れて

結婚には失敗したが、「うちが好きだったのは、この人どす」。大事に今も持っている写真は長唄のお師匠さんの若い頃の写真だ。

師匠に気に入られようとして一生懸命に稽古した。師匠の音を聞いて譜を書けと言われれば、必死に書けるようになるまで頑張った。譜を見るなと言われれば、少しでも早く譜を見ずに弾けるようになろうとした。だが、お師匠さんに褒められたのは数えるほどしかなかった。都をどりの時、「長唄・影法師」の立三味線で、初めの〝ジャーン〟がよかったと言われた。その一言を今も忘れずにいる。

「……その昔風の、井上流の地をささえるひとたちが鼓・美与吉・克亮・一光・照代・福豊・あい子・君春・ひろ栄・富美千代・桃子・奈三栄・だん栄に、小れんである。東京公演のさいは房が加わっていた。『都をどり』で桃子・だん栄は長唄の立三味線、ひろ栄は立唄に妙を発揮している。いずれも貴重な存在……」とある（京都新聞　昭和四八年二月二三日付）。

「〝都をどり〟には、五七回も出させてもらいました。色んなことがありましたねえ。紀元二六〇〇年（昭和十五年）の時は、地震どした」。舞台の最中、三味線を弾いていると激しく揺れた。びっくりしたが、『何があっても弾き続けなさい』というお師匠さんの言葉を思い出し、何事もないかのように黙って弾き続けたため、客席はパニックにならずに済んだ。この時、お師匠さんに褒められたことが嬉しくて、今も忘れられない。

その年、地方はそれぞれ十六人ずつ四組に分かれて交替で出た。地方は合計六四人が出演した。斜めに座らないと三味線の棹がぶつかり、一列に並べないほど地方がたくさんいた。

新幹線が開通する前まで、〝都をどり〟の観客はお馴染みのお客さんや地元の人たちがほとんどだった。知っている人たちばかりだから、内輪の気楽さがあった。東京や大阪、九州から来る人もいたが、それは各地の花街の人たちを連れてくる旦那衆や踊りの師匠たちで、いわば関係者たちだったから、顔馴染みであった。今のように、観光バスで観光客がたくさん見に来るという状況とはまったく違った。

座席は指定ではなく、全席自由だったから、開場と同時に観客は好きな席を取ろうと、どっと押し寄せ、遠慮なしだった。

「うちらは三味線を弾きながら笑うわけにはいかしまへん。お客さんがずらりと目の前の席に陣取って、お多福やらひょっとこの真似をして、うちらを笑わせようとするんどす。可笑しうて、可笑しうて、困りましたわ」。舞台に立てば真剣そのもの。表情を変えることはできない。

芸妓たちも、「都をどりは〜」、「よ〜いやさ〜」と花道から出るとき、桜の枝で近くに座って居る馴染みのお客さんの頭をピシャリと叩いたりした。毎回立ち見がでて、芸妓や舞妓が通り過ぎると、花道に座ってしまうお客さんもいた。顔見知りならではの無礼講で、人間味のある大らかな時代だった。

地方で腕の良い人は、芸一本で色々な舞台に出演できた。「うちも、テレビ局へ指導に行かせてもらいましたり、舞の会があれば声をかけてもらいました」。四世・井上八千代師の楽屋へは、都をどりの四月十六日（桃子さんの母親・中西愛の命日）に麩饅頭を届けて、お茶を飲んだものだった。そん

「都をどり」の地方（写真提供：中西みよさん）

な心の余裕もあったのだが、楽屋の雰囲気はいつも張りつめて、ピリピリしていた。

ええ旦那さんのいはる芸妓さんも

戦前は旦那さんを何人も持てば、芸妓として格が上がると言われた。売れっ妓で、旦那さんになりたい人が何人もいるのに、その芸妓を自分一人で独占する場合は、他の人たちが渡すであろうお手当ての合計を、一人で用意したものだった。たとえば毎月のお手当てが一人三〇〇円とすると、自分の他に一人いれば倍額、二人いれば三倍額となった。

「大阪市長さんの月給が千円という時代に、そのくらいはもらってはった芸妓さんもいやはりましたえ」。市長の月給自体、今に比べればずっと多かっただろうから、かなりの額である。その他に帯や着物を贈ったり、舞台の切符をたくさん買ってあげたり、おかあさんや姉妹筋まで旅行やご飯食べに連れて行き、都をどりの時には箱（時間ではなく一日中）で、お花をつけたりしたものだった。「家（屋方）の芸妓さんが旦那さんとご飯食べに出かければ、うちらにもお寿司やすき焼きなど〝送り〟が届いたもんどす」。

屋方の娘だから知っていたのだが、旦那さんからのお手当ては三ヶ月ずつだった。昔は男衆《おとこし》が芸妓と旦那さんの仲を取りもったから、三ヶ月目に男衆さんが現れれば、「まずにならはるのやろか」と思われたものだった。すんなりお手当てが届くのではなく、男衆さんが来るのは、何か問題があることになる。おかあさんたちは、旦那さんを辞めるのだろうかと心配したという。

「都をどりのこっちから左は××さん、右は○○さん、などと水揚げ旦那さんが決まってはったというのは、ほんまどしたえ」。昔は『水揚げ旦那』がいた。山科の染料問屋さんやら西陣の織元の旦那さんなどで、大きなお茶屋の馴染み客だった。そんなしきたりも、今ではとても通用しない。舞妓も、芸妓も好きな人と結婚したり、引いて学校へ行ったり、店を持ったり……自由である。

大正時代から祇園町で育ち、生活し、祇園町は人生そのものだ。「祇園町は、うちが育った町どす。嬉しおしたことも、辛おしたことも、みんな祇園町の思い出どす。うちが一番好きな場所どっせ。町の様子は変わりましたが、祇園町の心意気を若い人にも受け継いで行って欲しいと思うております」。

芸こそ人生　～見て学び 盗むもの～

上七軒《かみしちけん》　お茶屋「大市《だいいち》」四代目女将・芸妓　福鶴さん（多《おお》弥《や》栄《え》子《こ》さん）

気苦労多く 痩せた若い日

福鶴さんは、生まれも育ちも上七軒。お茶屋「大市」の三代目女将で、芸妓でもあった市福さんの娘で、昭和三一年一〇月六日、玉福さんねえさんに引いてもらって、十五歳で芸妓からお店出しした。

「当時、家娘のお店出しの前には母親が男衆さんと二人で『宵まわり』をして、お茶屋や屋方へ挨拶したもんどす」。今は家娘もいないし、奉公の人も家娘も区別はないが、

福鶴さん「北野をどり」にて

昔は家娘には良い着物を作るなど、大事にされた。「毎日違う着物を着せてもろうて、かつらも毎日替えたもんどす」。それでも気苦労は多く、芸妓に出てから一年間で、体型が変わるほど痩せた。

実の母親に叩かれながら稽古の日々

五歳から家で三味線を始めたが、中学からは本格的に長唄の師匠について稽古をした。お座敷ものの稽古は母親にしてもらったが、「本当に自分の母親なのか、と疑ったこともありました」と言うくらい、厳しく仕込まれた。「三回で覚えなかったらぶたれ、五回でもまだ覚えなかったら、火箸で肩や腿を打たれましたわ」。母親の手が飛んできて、三味線の棹が五〇回も折れた。母親が雑巾掛けをしながら聴いていて、「上手く弾けないと、雑巾で叩かれたこともありました」。

芸だけでなく、様々な作法も厳しく仕込まれた。たとえば、ご飯食べでは遠慮して、少しずつ残して、品よく食べるように躾《しつけ》られた。パクパク食べたりしては、翌日、見習い茶屋のおかあさんから、「ちょっと入っといでやす」と声をかけられて、出かけると、「えらいお行儀の悪いこと、おしやしたなぁ」と叱られた。だが、お酒は飲みなさいと仕込まれた。今となれば感謝しているが、当時は苦労が多くて大変だった。

時代が変わり、今の若い人にそういう苦しみはさせたくないし、ご飯食べでは遠慮もほどほどにして、「美味しくいただく方が、お客さんも喜んでくれはります」。

初めて役が付いた昭和三八年「北野をどり」

それほど稽古しても、中々役をもらえなかった。嫌になって、踊りを辞めようかと思ったこともあった。

昔は、大きいねえさんでさえも容赦なく師匠に怒られ、「夜中までお稽古してはりましたえ。そやから、〝芸七軒〟と言われたんどす」。福鶴さんは、そのお稽古を観に行き、ふとした手の動きさえも、学び取って自分のものにしようと努力した。「芸は盗むもんどっせ。そして、お腹が大切」と言うように、手取り足取り教えてもらうようなお嬢さん芸とは違うのが、芸妓の芸と言う。たとえば、立役（男役）の場合は「お前が好きや」という男性の気持ちになって、女の手を引く。

芸に夢中になるうちに、歌舞伎役者の市川猿之助さんに憧れた。十七歳の時、お客さんが、十八歳の猿之助さんにお座敷で引き合わせてくれた。皆で楽しくお酒を飲んだのは、良い思い出で、芸の励みになった。

そして、昭和三八年第十一回「北野をどり」の〝愛してならぬ人〟で、ようやく役が付き、「嬉しおした」。先輩の勝喜代さんねえさんと交替で踊ることになり、「ねえさんより見劣りせんように」と頑張った。

悪役も稽古が足りれば素晴らしい役

稽古が足りていれば、たとえ悪役でも、三枚目の格好悪い振りでも、「『それぞれに素晴らしい』とわかるもんどっせ」。単に「綺麗ですね」で終わる芸では、お客さんの心に訴えるものがない。意味を考えて表現し、舞台に一緒に立つ人とのコミュニュケーションが大切だ。また「一〇〇の力を一〇〇出したのでは、観てくれはる人は、しんどいどすやろねぇ」。まずは、芸ができないと無理なことだが、八〇の力を出して二〇を遊べば、魅力のある舞台になるという。

好きな旦那さんができて、東京の歌舞伎などへも連れて行ってもらい、充実した日々を過ごしたこともあった。息子も産まれ、「旦那さんは昼間会社で気張ってはる。うちも、芸で知られるような芸妓になろう」と自分に言い聞かせた。何歳になっても、芸には『これでよい』ということはない。

「芸ができれば自分自身も活気づき、生き方にも張りが出ます。上七軒の皆で力を合わせて、お客さんに喜んでいただけますように、さらに芸に磨きをかけたい」と、福鶴さんは意欲を燃やしている。

舞妓さんに聞きました　芸のお稽古はどんなですか？

花街は芸の世界。「都をどり」、「鴨川をどり」、「北野をどり」、「京おどり」、「祇園をどり」など、華やかな花街の舞台を支えるのは、毎日の地道なお稽古だ。幼い頃から日舞や三味線を習っていた人もいるが、屋方へ入って、初めて日舞や邦楽に接する人も多いとか。舞妓は芸妓になるための修行の身とはいえ、プロとして、お座敷で舞い、舞台に立つ。

お稽古で、舞台で、お座敷で、嬉しかったこと、困ったこと、苦労したことなどを、舞妓さんに率直に語ってもらった。（舞妓さんの名前の掲載は、「かんにんどっせ」。）

雅な舞に憧れて舞妓に

「祖母が芸妓どした。小さい頃から芸は身近で、日舞を習っていました。いつか〝京都の舞妓さん〟になりたいと憧れて、京都へ来ました」という花街に馴染みのある人もいれば、

「中学の修学旅行で、舞妓さんの舞を初めて見ました。歳はうちらとあまり変わらへんのに、大人のように落ち着いてはって、立派に見えました。綺麗に舞う姿を見て、うちも〝舞妓さんになろう〟

と思うて、就職指導の先生に相談したんどす。先生は『女性ばかりの厳しい世界。芸の心得はあるの？』と心配してくれはりました。でも、これという目的もなく、ただ皆と一緒に高校へ進学するのではのうて、〝自分らしくしっかり生きたい〟と思いました。屋方のおかあさんも、中学を卒業してからでもお稽古は遅くない、と言うとくれやして、決心しました」。修学旅行の出会いがきっかけになることもある。

「デパートの〝京都展〟へ、子供の頃から憧れていた舞妓さんが来はるというので、見に行きました。舞台に立つ舞妓さんが格好よくて、思わず、『舞妓さんになりたいんですが……』と、その場で聞いてみたんどす。その人が、今の屋方のねえさんどす」という、積極的な人もいる。

「うちは、国際的な仕事に憧れていましたが、高校へ入って、谷崎潤一郎や川端康成の小説を読み、着物や和の美しさに興味を持ちました。そんな時、花街の舞台を見る機会があり、高校を中退して、屋方へ入りました」。最初、両親は猛反対だったが、今は応援してくれるという。

毎日のお稽古と舞台

「うちは三味線、鼓、能の仕舞、お茶、書道もお稽古させてもうてます。ありがたいことどすけれども、中々できしまへん。今はただ毎日必死で、お稽古に手一杯の毎日どす」と、ひたむきに頑張る舞妓さん。

「半だらの帯を締めて、まだ見習いだった頃、お座敷でお客さんから『あんたも舞いよし』と急に言われ、戸惑いました。助け舟を求めて、ねえさんの顔を見ると、『〝重ね扇〟にしはったら』とお言いやして、緊張でふらつきながら立ち上がりました。ただ夢中で舞わせてもらいました。どのくらい時間が過ぎたか、『上手いやないか』というお客さんの声で我に返りました。安心したのと、嬉しかったのとで、思わず涙がポロポロ流れてしもうて、お客さんがびっくりしはりました」という、初々しい舞妓さんもいる。

「舞妓に出たての頃は、〝都をどり〟の総踊りのお稽古に苦労しました。お師匠さんを囲んで、数十人がいっせいに踊り始めんのどす。ねえさんたちはお稽古も進んで、振りがわかってはりますけれども、うちらは中々できしまへん。怒られないように、同期の舞妓たちで見習い茶屋に集まり、力を合わせて精一杯お稽古したもんどす。苦労を共にして、同期の輪ができました」。お互いに支え合い、共感を持てる同期の存在は大きい。

「〝都をどり〟の時は、遅寝早起きどす。午前二時〜三時に床に付き、目覚ましを掛けておいて朝五時に起きて、髪結いさんへ行きます。京風の島田に結ってもらいます。一ヶ月の間、毎日睡眠時間は四〜五時間で、舞台は毎日四回あります。舞台の後はお座敷どす。三九度の熱を出しても、舞台に立ったことがありました。ねえさんや同期に励まされ、助けられ、絆を感じました」。雅な舞台だが、出演者にとってはハードスケジュールだ。

「〝都をどり〟で、舞妓は総踊り、中挿《なかばさみ》、お囃子《はやし》、お茶のお控えをさしてもらいます。うちは出たてで、先輩に付いて行くのが精一杯どす。迷惑をかけるのではないかと心配どす」と、若い舞妓の一生懸命な様子がわかる。

「大ざらえには、大きいねえさんも来はります。緊張します。おかあさんから『注意されへんようになったら、終わりや』と言われ、何度叱られても、努力しようと思うてます」。素直に学ぶ人が、伸びるそうだ。

「舞妓時代にまずお稽古すべきものは、〝祇園小唄〟、〝春雨〟、〝夏は蛍〟、〝曙〟、〝紅葉売り〟、〝鏡餅〟、〝万才〟、〝京の四季〟、〝君に扇〟などどす。特に、結婚式などのお祝いの舞台で舞わせてもらう時は、晴れがましうて、緊張します。万一、扇を落としでもしたら『縁起でもない』と、大変なことになります。ねえさんの一言、『お稽古してもうた通りに、舞うてたら大丈夫や』という励ましに支えられ、抜かりなく舞えた時は、ほんまに嬉しおした」。舞妓さんもプロとして、様々な機会に舞う。

「気持ちが引き締まったのは、おかあさんから、『趣味の会とは違うて、あんたらはプロなんや。人さんがお金を出して、舞台を見てくれはります。それに答えよし』と言われた時どす」。責任を感じることでプロ意識が芽生え、芸が磨かれる。

「うちはとりが悪うて、最初は皆に付いて行けへんのどした。毎回叱られ、お稽古へ行くの恥ずかしうて、舞妓を辞めようかと思いました。その時、ねえさんが、『あんただけ、なぜできひん?』と、屋方で稽古を付けてくれはって、助かりました」。ねえさんに甘えてはいけないが、味方になってくれて、心強いという。

「舞妓に出たての頃どした。舞妓志望の中学生さんが、秋の舞台の稽古を見学に来はりました。大ざらえの時で、お師匠さんにビシビシと注意され、できるまで何度もやり直し……。皆が殺気立っていました。その人は『とても付いて行けない』と、舞妓になるのを諦めはったそうどす」。プロの世界は厳しい。地味な努力の積み重ねが必要だ。

「三味線が中々弾けへんのどす。最初は、持つのも大変どした。最近、ようやく慣れて、お稽古に付いて行けるようになりました」。悩む暇があるなら、お稽古しなさいとねえさんに言われ、我に返り、熱心に取り組んだという。

花街という新しい世界へ入り、様々なことを仕込まれる日常生活の中で、舞妓さんがそれぞれに、芸の稽古に励む様子がよくわかる。

京都花街　歴史を作った奥座敷（その一）
東京遷都の後　都を再生させた〝芸妓と舞妓の芸〟
博覧会で世界に日本の芸をアピールした〝都をどり〟

〝をどり〟で始まる京の春

「都をどりわ〜」、「よ〜いやさぁ！」という明るい掛け声と共に、ピンク色の桜と若草色の柳の団扇を手にした芸妓と舞妓が両側の花道から列を成して登場する祇園甲部の「都をどり」。京都の雅な春の幕開けを感じさせ、映画監督ヒッチコックが「素晴らしい〝ミュージカル〟」と評したという。

京都にはこの祇園甲部の他に、先斗町《ぽんとちょう》、上七軒、宮川町、祇園東という花街があり、〝五花街〟[※注1]と呼ばれている。全国的に知られている祇園町は、一八八一年（明治十四年）、第三代京都府知事北垣国道により甲部と乙部に分けられ、乙部は昭和二四年に東新地と改称し、さらに昭和三〇年頃から祇園東と呼ばれるようになり現在に至る。

五花街の芸舞妓による舞台[※注2]は、「都をどり」の他に、春には「北野をどり」（上七軒）、「京おどり」（宮川町）、「鴨川をどり」（先斗町）が、祇園東の「祇園をどり」は秋に開催される。秋には春の舞台とは趣を変え、しっとりと舞を楽しむ「温習会」（祇園甲部）、「寿会」（上七軒）、「水明会」（先斗町）、「みずえ会」（宮川町）が興行される。

さらに五花街合同公演「都の賑い」が六月に京都会館で開催され、五花街の芸舞妓が芸を競う華やかな舞台となる。この他にも師匠の会や、おさらい会などが、東京の歌舞伎座や国立劇場はもちろん、各地で開かれ、芸舞妓が舞台に出る機会は、想像を超えて多い。

舞台は〝一見さんお断り〟ではないので、近年の京都ブームや花街への関心の高まりと共に、観光客や若い人、外国人の姿も目立つようになった。

明治五年〝都をどり〟
振付から演出すべてを任された　京舞三世・井上八千代

花街の舞台の魁《さきがけ》となったのは、一八七二年（明治五年）に開催された「都をどり」※注3だった。

当時の日本は二百年余り続いた鎖国の後に開国した。一八六七年に大政奉還、明治維新、一八六九年に東京遷都と激動の時代となり、千年の都であった京都が、東京遷都により一地方都市となり衰退する危機をどう救うかが議論された。そして、京都府知事長谷《はせ》信篤《のぶあつ》と大参事槇村正直《まきむらまさなお》らが「博覧会」を企画し、一八七一年（明治四年）に日本初の「博覧会」が西本願寺で開催された。これを機に京都府と民間により「京都博覧会会社」（後に京都博覧協会と改名）が創設され、翌年（明治五年）、「第一回博覧会」と銘打って開催され、その附博覧《つけはくらん》（余興）として、祇園町の芸妓と舞妓の歌舞と芸能を公開することになった。

これが第一回「都をどり」となり、一八七二年（明治五年）三月十三日から五月末日まで祇園新橋の小堀の貸席「松の家」で開催された。ちなみに、先斗町でも同年に「鴨川をどり」が始まり、明治八年から「博覧会」に参加した。

京都の芸舞妓が陰の存在ではなく、京都の再生、活性化を図ろうという意欲に燃えた新しい時代〝明治〟の表舞台に立ち、内外に技芸を披露することになった事は、画期的であった。この八〇日間の博覧会は西本願寺、建仁寺など六ヶ所が会場となり、入場者は三九四〇三人（「京都市博覧会史略」）を数え、外国人入場者は千人近かったといわれている。

当時の歴史的背景を考えると、一八五三年に浦賀沖に第一回ペリー来航。〝泰平の眠りをさます上喜撰　たった四杯で夜も眠れず〟と詠まれたほどショックを受けた当時の日本人。その後の幕末から明治に至るまでに京都では一八六四年に池田屋騒動・蛤御門の変があり、京都市中が大火に見舞われた。そして、明治元年

現在の「都をどり」の舞台

（一八六八年）を迎えて間もない時期に博覧会開催。既に京都府は外国人入京規則を作って外国人専用の案内所を神戸、大阪、京都に設置し、トラブルが起きないように英語で「Gard」と袖に書いた制服を着た警官を巡回させ、公衆便所も設けるなど、受け入れ体制を整えた。※注4

伝統や歴史を守りつつも、それに縛られることなく、広く訪問客を受け入れ、外国人をも受け入れる、京都のおおらかさ、先取りの気質は興味深い。

そんな時期に片山春子（後の三世井上八千代。一八三八〜一九三八年）は、祇園「一力亭」の九代当主杉浦治郎右衛門から博覧会の附博覧の相談を受け、振付から演出のすべてを受け持つことになった。先代との血縁はないものの、春子は不世出の舞の名手と言われた内弟子だった。京舞はそれまで、一人または数人で静かに舞う座敷舞だったが、伊勢の古市の「亀ノ子踊り」にヒントを得て、京都で初めて群舞形式の総踊りを考案した。興行は「都踊十二調」と題され、大参事槇村正直（後の京都府知事）が作詞したと伝えられ（実は金子静枝作であったという説もある）、当時としては大変に斬新な趣向だった。

世界に門戸を開く日本を唄った「都踊十二調」

「十二調」は、次のような唄だった。

〝神風の届く地球の隅々までもわけて都は明らけく……〟と始まり、開国した日本の世界観を端的

に表現している。既に世界へ向けて〝都〟を発信する意気込みさえうかがえる。さらに、

〝……東方亜細亜大日の本と……汲めども盡きぬめでたき御代のあらたにすゝむ酒機嫌よいや洋州あし元さへもよろ〳〵めきし歐羅巴そらものどかや天地の亞米利加困る日和ぐせ曇らぬ御代の花曇りすこしは濡れて阿弗利加も香に匂ふなる花吹雪人の山見る博覧會おすな〳〵墺太利亞熟れもお揃ひおめでたく深く智識の魁に支那かたちゆる〳〵と豊かに並ぶひと踊りはやし揃へて十二律……〟

と続き、アジアの私達の国日本と、ヨーロッパ、アメリカ、アフリカと地域の名を詠み込み、海外に広く門戸を開き、世界各国の人たちが京都という〝都〟に集い、〝知識を磨く魁にしよう〟という強い気持ちが表現されている。この博覧会には、展示品二四八五点が出品され、唄にある〝その支那かたち〟という言葉は、展示品の〝品、形〟に掛けている。日本が世界に門戸を開いたという新しい世界観と、都の再生に向けた博覧会への強い思い入れが、花街の芸舞妓の踊り〝都をどり〟で唄われていたということは、注目すべきである。

入場料は大人六銭二厘六毛。※注5 立方三二人、地方十一人、囃子《はやし》方十人の五三人が一組となり、七組が交替で、一日に五回も興行。今とは桁違いに芸舞妓の人数が多かったことがわかる。維新の頃の祇園町には、芸妓三六〇人、舞妓一七六人がいたという。

祇園町は井上流一本に

博覧会の成功と共に、都をどりも大入りとなり、片山春子（後の三世井上八千代）は京舞に新たな風を吹き込み、舞踊家としての才能を見せつけた。成功の褒美に何が良いかと聞かれ、今後祇園町は「井上流一本にして欲しい」と信念を持って答え、井上流が祇園町のいわばお家芸となった。当時の祇園町には篠塚流の舞手もおり、春子の一言が実現した事で、他の流派は祇園町には入れなくなり、井上流にとって重要な方向付けとなった。舞の実力はもちろんだが、井上流を今日の隆盛に導いた彼女の功績は大きい。

「都をどり」という名前も春子のアイデアだった。槇村正直は「みやび踊り」[※注6]を提案したが、京都に活気を取り戻すためには〝都〟という言葉が重要だと判断された。

明治維新の頃に、既に男性に伍して、これほどの業績を成し遂げた春子。体も大きくパワフルで、交通が今とは比べ物にならないほど不便だった明治時代から、大隈重信らの勧めで、東京芝の紅葉館《こうようかん》という料亭へも出張稽古に行った。八〇歳を越える高齢になっても毎日曜日には欠かさず八坂神社と車折《くるまざき》神社（芸能上達のご利益があるといわれる）を参拝し、ビールやミンチボールを好む健啖家だった。四世八千代によれば、稽古は厳格を極め、夜中に起きて突然稽古を始めるほど熱心だったという。四世は三世から、日常の所作にも舞の精神を忘れないように、たとえば、掃除のホウキを持つにも舞の振りを考えるようにと教えられた。

南座に出演した当時の六代目尾上菊五郎に、客席から「あの役者、ちょっと踊れるなぁ」と大声で言ったのが縁で、二人は知り合った。六代目菊五郎は「高齢でも舞扇を持つとしゃんとなるなんて、恐ろしい」と三世を評価した。三世の人柄や芸[※注7]の確かさがわかるエピソードである。

一八六六年（慶応二年）二九歳で井上流の名取となり、「百寿」を祝う舞台で自ら「桶取り」を舞い、一〇一歳まで力強く天寿を全うした。能楽観世流の名門片山[※注8]家との関係も、春子が六代片山晋三と結婚したことに始まった。井上流は女性にしか伝授しないという舞だが、能の影響を受けて、男性的できびきびした風格を感じさせる動きが取り入れられているのはこのためだ。

平成二四年、第一四〇回を迎える都をどり（第二次世界大戦中は六年休演）は、桜と柳の団扇を持って花道に現れる芸舞妓の姿から、外国で「チェリーダンス」と呼ばれた。今も、第一回目の構成である、両花道からの出と、引っ込みを受け継ぎ、雅な舞台の特長となっている。

三世の後を継いだ四世は祇園に生まれ、四歳で井上流に入門。十三歳で内弟子に入り、さらに養女となり、三世の孫の片山博通と結婚。昭和二二年に四世八千代を襲名し、高い評価を受け、昭和二六年日本芸術院賞、昭和二八年芸術祭賞、昭和三〇年重要無形文化財個人指定（人間国宝）に認定され、さらに数々の賞を受賞し、平成二年には文化勲章を受けた。平成十二年家元を退き、翌年十一月に祇園甲部歌舞練場で「五世井上八千代襲名披露　京舞」が開催された際は、井上愛子として「猩々《しょうじょう》」、「七福神」を披露し、平成十六年（二〇〇四年）、九八歳で亡くなった。

五世井上八千代は四世の孫に当たり、一九八三年（昭和五八年）芸術選奨文部大臣新人賞、一九九〇年（平成二年）花柳寿応賞新人賞、一九九九年（平成十一年）芸術選奨文部大臣賞と日本芸術院賞を受賞し、井上流の伝統を今に守り伝えている。

花街の学校の前身となった「婦女職工引立会社」

芸舞妓たちは、花街にある芸の学校やお稽古場へ、毎日通っている。祇園甲部は「八坂女紅場《にょこうば》学園」、先斗町は「鴨川学園」、宮川町は「東山女子学園」、上七軒は検番に、祇園東は芸妓組合の建物に稽古場がある。舞や踊りはもちろん、鳴り物、三味線、笛、能、華道、茶道、書画などを稽古し、さらに個人の希望により、俳句や和歌、能の仕舞、謡《うたい》なども師匠に付いて習う。

「八坂女紅場学園」の歴史は、明治六年三月十一日に設置された「婦女職工引立会社」に遡《さかのぼ》る。当時、他の花街にも相次いで設置され、先斗町の「鴨川学園」も、同年に設置された「婦女職工引立会社」が前身である。

この「婦女職工引立会社」は、明治五年に近代化政策の一環として芸娼妓や年季奉公人を解放するという「芸娼妓解放令」[※注9]が出たため、廃業した女性たちが、結婚したり、働く場合に困らないように裁縫、機織り、製茶などを教えることを目的とした。だが、名前が仰々しいので、中国の古典から引いた女性の芸能を意味する「女紅場」と改称された。宮川町の「東山女子学園」も女紅場が前身だった。

京都府もこの女紅場という言葉の意味を重んじ、明治五年に創立された婦女子の学校を「京都府立新英学校女紅場」と名付け、日本最初の女学校「京都府立高等女学校」の前身となった。明治五年は、「教育法令（学制）」により義務教育の方針が示された年だった。

花街の学校の前身が、日本近代化教育制度に関する最初の統一的基本法例である「学制」と同時期に設立され、受け継がれて今に至るのは興味深い。

花街の学校では、昔は芸だけでなく、学科も教えていた。先斗町の七〇代の芸妓によれば、昭和四〇年頃までは「鴨川学園」でそろばん、英語、美術、音楽（洋楽）などの科目まで教えていたそうで、祇園甲部の大正生まれの芸妓によれば「八坂女紅場学園」でも、お裁縫、終身、礼法などの時間があったという。戦前は、弥栄《やさか》尋常小学校に通う舞妓になる女の子たちは、四年生頃になると芸に比重を置いた教育を受けるため、午後からは「八坂女紅場学園」へ通った。今も昔も、芸妓も舞妓もお座敷へ出ている限り、たとえ名取になっても、九〇歳を過ぎても各花街の学校やお稽古場へ毎日通っている。

花街の学校や検番を訪ねると、どこのお稽古場にも人間国宝を始め一流の師匠が、地元京都はもちろん東京などからも稽古を付けに訪問している。素人が趣味で習うお稽古とは異なり、張りつめた緊

舞妓や芸妓たちが芸の上達を願う
祇園白川の辰巳稲荷

張感の中で「ぐらぐらしない！」、「もう一度！」という師匠の厳しい注意が飛ぶ。「昔は、もっと厳しいもんどした」と年配の芸妓が言うように、戦前、戦後の頃はわからなければ叩かれながら、屋方ではねえさんたちに早朝から物干しで三味線を仕込まれることもあった。今は時代が違うため、そんなに厳しい稽古は無理と話す芸妓もいる。

井上八千代師のお稽古場では昔、〝お留め〟といって、舞妓の覚えが悪かったり、稽古が足りないと厳しく注意され、稽古場に留めおかれることがあった。幼い舞妓は途方にくれているうちに、疲れて眠ってしまい、そこへ屋方のおかあさんが迎えに来た。お留めに遭わないようにと、お稽古場への行き帰りに、芸舞妓は祇園白川にある「辰巳稲荷」へ芸が上達するようにお参りした。当時は辰巳橋の袂に小さな祠があるだけだったが、戦後になって今の場所に移され社が大きくなった。今も、足を止めてお参りする舞妓や芸妓の姿がある。

芸にかける芸舞妓のプロ意識と師匠の熱の入れ方は、やはり〝芸を売る人〟たちの凄みを感じさせる。華やかな芸舞妓の舞台の陰には、地味な毎日の稽古があることがわかる。

舞の名手で祇園の看板
文人墨客に愛された松本佐多

舞の名手で文化人、政治家など多くの人をひきつけ、交流した明治生まれの芸妓がいた。三世井上八千代の片腕とまで言われた松本佐多女（明治六〜昭和三〇年）だ。六歳で井上流に入門し、十五歳で芸妓となり、舞の才能を認められて、三五歳で名取となった。四八歳で芸妓を引いた後も、指導者として井上流に貢献した。

　昭和二三年には井上流の東京[※注10]公演を成功させ、昭和二五年に京都文化院文化賞、昭和二七年に芸術賞を受賞するなど、三世譲りの力強く闊達な舞であったと言われる。

　どんな人物だったかというと、谷崎潤一郎は彼女が亡くなる一年ほど前に、こう書いている。〝頭脳明晰で非凡な記憶力、八〇歳になっても壮者にも劣らぬ異常な体力を持つ女傑であり、もし風雲に乗れば政治家にも、教育家にも事業家にもなりえる資質がある……。〟

　舞はもちろん、話し相手としても魅力があったらしく、後援者には児玉源太郎（陸軍大将勲一等功一級伯爵）、山県有朋（第三代、第九代内閣総理大臣）、寺内寿一（軍人、政治家）など、そうそうたるメンバーがいた。谷崎潤一郎、大佛次郎、吉井勇など文学者や、川合玉堂、堂本印象など画家との交友もあった。

　川上音二郎も佐多の舞の腕前に興味を持ち「中村楼」へ招いた。その時に、同席していた歌舞伎役者二代目市川左団次と出会った。当時は著名人に顔が広く、有名な芸妓たちは、若い歌舞伎役者の名が売れるようにと、お座敷でお客さんに興行のＰＲをするなど、応援したものだった。音二郎は人脈の豊富な佐多に、左団次を宣伝して欲しいと頼んだ。気風の良い佐多は彼を支援し、昭和五年に左団次が東京の歌舞伎座で記念公演をした際には、祇園の芸舞妓を二七〇人以上も引き連れて応援に駆けつけた。その日、祇園町に芸舞妓が居なくなりお茶屋は音をあげ、綺麗どころで溢れた東京駅は取材陣や物見高い野次馬で溢れた。マスコミは大きく祇園を取り上げ、佐多と芸舞妓は、東京でも名を馳せた。

佐多と左団次の交際は、左団次が亡くなる昭和十五年まで続き、佐多は自分のお茶屋の名を左団次の俳号をとって「杏花」とした。佐多さんおかあさんと芸舞妓に慕われ、女将としても全国的に知られた。昭和三〇年に八一歳で亡くなるまで、京都祇園の看板として華やかに生きた。

芸に支えられた確かな雅。芸舞妓の芸は開国後間もない明治初めから、花街の中にとどまらず、日本の近代化への魁となった博覧会をきっかけに、広く公の世界に躍り出た。国内はもちろん、海外にも向けて、日本の芸をアピールしたのが〝花街の芸舞妓〟たちであった事は、特筆すべきである。新しい時代『明治』に、〝女性が公の場に出る魁〟になったといえるだろう。

注1　五花街　祇園甲部（お茶屋六四軒、芸妓七六人、舞妓三三人）、先斗町（お茶屋二六軒、芸妓三八人、舞妓九人）、上七軒（お茶屋十軒、芸妓二二人、舞妓一〇人）宮川町（お茶屋三四軒、芸妓四二人、舞妓二九人）、祇園東（お茶屋十一軒、芸妓十一人、舞妓五人）。合計すると、芸妓一九一人、舞妓七五人、お茶屋一四五軒（二〇一二年一月末現在）。上七軒は北野天満宮の氏子で、その他は八坂神社の氏子であり、お祭りや行事の際には奉納舞を舞など縁が深い。

注2　春の舞台の日程　「都をどり」（祇園甲部）四月一日～三〇日、「京おどり」（宮川町）四月七日～二二日、「北野をどり」（上七軒）三月二五日～四月七日、「鴨川をどり」（先斗町）五月一日～二四日。祇園東だけは秋（毎年十一月一日～一〇日）にメインの舞台「祇園をどり」を開催。会場は各花街の歌舞練場。

注3　をどり　「おどり」と書かないのは、明治五年に「都をどり」という名が付いた時の表記に遡る。後に吉井勇らが、旧仮名遣いの「をどり」の方が芸術的であるとしたことがあり、最初に付けられた名を残したといわれる。

注4　外国人入京規則　明治維新後も、外国人は日本国内での移動を制限されていた。博覧会の開催を機に制定された「外国人入京規則」で一般の外国人の入京が初めて許可されたのである。

注5　立方・地方・囃子方　立方は舞を、地方は三味線や唄を、囃子方は鼓や太鼓をそれぞれ担当する芸妓・舞妓のこと。

注6　みやび会　槙村が提案した「みやび」という言葉を、三世井上八千代は大切にし、井上流の会を「みやび会」と名づけた。毎年七月初旬、師匠とともに井上流の同門がそろいの浴衣を新調し、八坂神社へ参拝し、みやび会の発展と芸の上達、健康を祈る。

注7　芸の確かさ　吉井勇は三世八千代の「第十七回忌追善舞の会」（昭和二九年）に際し、「今もなほ語り伝へてか

しこみぬ三世八千代の芸のきびしさ」と詠んだ。

注8　片山家　江戸時代に京で活躍した初代九郎右衛門豊貞に始まり、当代の九郎右衛門清司まで十世を数える観世流能楽の名門。

注9　芸娼妓解放令　一八七二年（明治五年）に出された法令で、金銭をたてに強制的に芸妓・娼妓とされた女性たちの開放を命じたもの。だが、女性が「自由意思」で従事しているとされ、「解放」の実態を伴わなかったケースも多かった。

注10　東京公演　二度目の公演の際、明け方に地震があり、四世八千代は、とっさに八一歳の佐多を守ろうとして、佐多の上におおいかぶさったというエピソードがある。四世八千代が佐多を慕い、井上流のために失ってはならぬ人と思っていたことがよくわかる。

第2章 美・礼儀・作法

きれいどころが、〝美〟を競う「京都花街」。
舞妓さんに聞いた、きれいになる方法とは？
おかあさん、おねえさんが、
これまで話したことのなかったドラマティックな人生や、
舞妓さんへの思いを語ります。
歴史を振り返ると、昔の別嬪芸妓さんは、
ブロマイドで一世風靡。
アメリカの大富豪モルガンを夢中にさせた、
明治時代の祇園の芸妓ユキさん。
一流が認めた芸妓・舞妓の魅力を探ってみましょう。

「十五歳で芸妓　三七歳で女将　可愛い舞妓を育てる日々」

先斗町《ぽんとちょう》　屋方・お茶屋「丹美賀《たみか》」二代目女将　舛田和代さん

好まれたきっぱりした性格

舛田さんは、昭和十八年、十五歳の時に卯の静という名前で、芸妓からお店出しした。母親の友達だった芸妓さんが、引いて出てくれた。今ではねえさんといっても友達のようだが、昔のねえさんたちは威厳があり、特に四〇～五〇代の人はこわくて、近寄ることもできなかった。当時は皆にビシビシ仕込まれて、怒られると、「ねえさんの家へ行っといない（ねえさんの家へ行ってきなさい）」と戒めに言われたものだった。だが、今思うと、厳しいだけではなく、男性から見たら「口説いてみたら、どうだろうか……」と思わせるような魅力のあるねえさんたちがたくさんいた。

卯の静さんは、個性的で気風の良い芸妓で知られた。思い出すのは、あるウイスキー会社が初めてビールを造った時の宴会だ。その新作ビールを勧められ、「すんまへん。うちは、ウイスキーは飲めしまへん。このビール、ウイスキーの中にホップが入ったみたいどっせ」と率直に言ったところ、一同大爆笑となった。皆が面白がり、「芸妓らしくない芸妓やな」と言われて、以来ご贔屓にしてくれた。

屋方でお茶屋でもある「丹美賀」を継いだのは三七歳の時だった。芸妓として自由に過ごしてきたが、経営者（女将）となれば責任があるし、気に入らない人にも頭を下げなければならない。継ぎたくないので、「『好きなことを、さしとくれやす』とおかあさんに言うたんどすけども、怒られて、継ぐことになりました」。今もそうだが、元々、きっぱりした、白黒はっきりさせたい性格だった。女将を継ぐに当たり、おかあさんに「あんたより、上を行くから」と言った。そんな気概の持ち主だ。

芸妓・卯の静としてお店出し（写真提供：舛田和代）

芸に熱心で口が堅いのが舞妓と芸妓

出たての頃は、もちろんテレビもない時代だし、母親が学校の教師に「足し算、割り算、掛け算と字だけはきちんと教えとくれやす。あとの教育はうちがします」と頼み、小学校しか通わなかった。そして、新聞も読んではいけないし、たとえば、銭湯の値段も、電車の運賃も知らないままに育てられた。「昔は芸や作法はきっちりと仕込まれて、その他は、お座敷で、『お客さんに教えてもろうて、聞いて覚えればええ』と言われたもんどす。先斗町の中しか知らず、教えられるままに育ちました。無垢ということどすやろか」。

芸は立方《たちかた》とはいえ、踊っているだけではいけないと、太鼓、鼓、三味線、唄、大鼓《おおかわ》など幅広く稽古した。お囃子《はやし》や三味線ができてこそ、踊りも上達すると仕込まれた。大人になってからは、物事を深く知らないでもよいから、浅く広く、何でも知っておきなさいと言われ、自らも様々な事に興味があり、戦争で休業した時期には、時間がもったいないと、洋裁、和裁、料理など何でも習った。

今は、仕込みさん、舞妓さんには、「自分が自然に覚えたことを、自然に教えています」。芸に関しても、歌舞練場のお稽古の他に、個人のお師匠さんに付けて習わせている。重要なことは、「口が堅いことどす。しゃべってはいけないことは、うちにも、ねえさんにも、友達にも、誰にも言わないことが一番大切どす。それが店の信用になります」。そして、人の噂や悪口には、決して加わらないように躾《しつけ》ている。信頼できる人間関係あってこその花街である。

花街で遊ぶといえば「昔は、お座敷ばっかりで遊びましたえ」。近年はバーやカラオケへ行くことが増えたが、お座敷を離れて他の店へ行くと「芸妓さん自身が、お客さんになってしまいます。芸妓ならではのサービスをして、お客さんに満足してもらう遊び方をすることを、忘れてはあかんのどす」。時代は変わったが、花街のもてなしの伝統は大切にしてほしいと思う。

今の舞妓さんの生活

きちんとしたもてなしができるようになるには「仕込みの一年間色々学んで、舞妓に出て、皆につつかれて磨かれてゆくんどす」。今は、修業なしで舞妓になれると思って面接に来る子もいる。教えたことを吸収するには素直であることが大事。「面接の時に、本当に舞妓になりたいのか、芸事が好きなのか、だいたいわかるもんどす」。

仕込みに入ると、「うちとこでは、昔から水仕

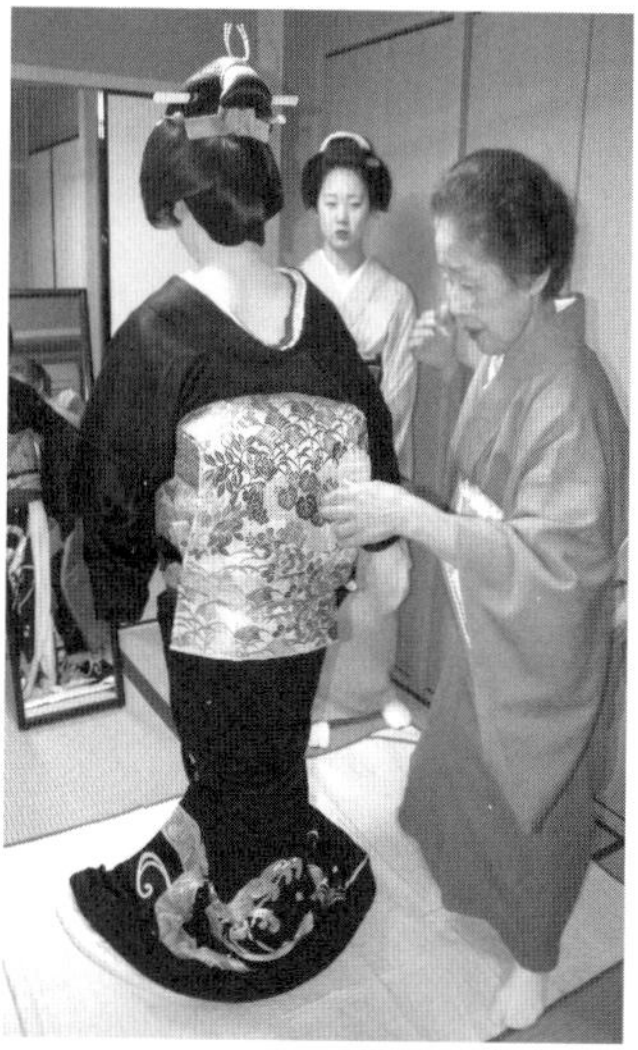

衿替の着付けをするおかあさん（舛田さん）

事や洗濯、外を掃かせるなど、所帯じみたことはさせしまへん。うちらの時代は、お手洗いだけは、掃除すると縁起が良いと言われ『お座敷がありますように』と祈りながら、掃除したもんどす」。今は、掃除よりも、お稽古を頑張ってもらっている。

食事の支度は料理が得意なおかあさんがする。舞妓さんはお座敷では決して食事しないから、おかあさんが午後三時頃から支度をして、午後四時半から五時半頃に食事をとり、お座敷へ出る。人気のメニューは、カレーやステーキなどの洋食という。舞妓さんたちは早い夕食で夜が遅いから、家に帰ってくるとお腹がすく。「冷蔵庫を開けて、自由に何でも食べてはります」。喜んで食べてくれると嬉しい。夜中になるが、片付けはおかあさんがする。

「自分の子供のように思わへんと、育てられしまへん。先斗町を離れて町へお嫁に行かはっても『おかあさん』と訪ねてくれはると、ほんまに嬉しおす」と、人を熱心に育てることのやりがいと喜びを語る。育てた舞妓や芸妓が、立派に自前になって、皆で末永く先斗町を盛り立てて行って欲しいと、心から願っている。

「京都最古の花街　上七軒《かみしちけん》ならではの〝おもてなし〟」

上七軒　お茶屋「中里」四代目女将　中村泰子《やすこ》さん

昭和六二年に女将襲名

中村泰子さんは、昭和六二年に中里の四代目女将を襲名した。「四八歳の時どす。京都グランドホテル（現・リーガロイヤルホテル京都）でお披露目をさせてもらいました」。裏千家の宗匠を始め、たくさんの名士が集った華やかな宴だった。

先代女将の中村種子さんは八〇歳とはいえ、大女将、お茶屋組合長として引き続き活躍した。「うちが女将に就任したとはい

中村泰子さん

え、相変わらず先代と二人で、毎日の仕事を続けていました。新たな責任を感じることもありませんでしたねぇ」と泰子さんは当時を振り返る。泰子さんの母親は三人姉妹。その長女が種子さんで、実の叔母にあたる。

お客さんが磨いた舞妓と芸妓

昔は、芸にも容姿にも厳しいお客さんがたくさんいた。舞妓に「不細工！」と言ったり、お座敷で「唄もわからんのなら、帰れ」とか、「下手な舞やなぁ」などと、遠慮無しに言う人もいた。「ご自身が、衣装にも芸事にも通じていはるからこそ、厳しくお言いやすんどす」。自然に、芸妓も舞妓も、容姿も芸も磨かれた。「今は、褒めてくださる優しいお客さんが多いどすねぇ」。

だが、舞妓が畳の縁を踏んで歩くようなことがあれば、注意してくれるお客さんもいる。一方的にサービスされるのを期待するのではなく、一緒になって舞妓や芸妓を育てようとするお客さんとお茶屋が長いお付き合いをしてゆく事が、一見さんお断りのお茶屋遊びの基本である。

「こんなこともありましたえ。えらい別嬪《べっぴん》さんがいはったのどす。その芸妓さんがお座敷へ来はると、お客さんがただ見とれてしもうて、思わず、お箸をポロリ……、と落としてしまわはるんどす」。今、あれほどの別嬪さんはいないという。

「芸も厳しおしたえ。明治生まれの芸妓さんが何人もおいやして『芸どころの上七軒』と言われました。三味線、唄、鳴り物、舞とすべてできて、初めて芸妓と呼ばれた時代どした」と、容姿はもちろん、芸の道も、今以上に厳しかった。

昭和二七年、第一回目の「北野をどり」の時は、数十軒そこそこのお茶屋と芸妓四〇人足らずだった。地方《じかた》専門の人が交替で立方に回り、一日三回の舞台を成功させた。昭和五二年の「北野をどり」の番付には、杵屋正邦氏と花柳輔三朗氏の対談で、人数が足りず女将たちも舞台に立ち、十八人で五五のカツラを使ったというエピソードを語っている。

西陣が育てた上七軒
お茶屋は二四時間営業

賑やかな祇園界隈とは離れた、京都最古の花街である上七軒は長閑だった。中里は、川端康成、水上勉、里見弴を始め、たくさんの文人墨客が贔屓にしたお茶屋だ。

西陣が育てた上七軒、という言葉があるように、地元との関係も深い。「最近のお客さんは、夜からお茶屋が開くと思わはるようどすが、昔は、お茶屋は二四時間営業だったんどっせ」。今では、会社と工房が別になっている織元が多いが、昔は住居、事務所、工場などすべてが一つの大きな敷地の中にあった。自宅よりも落ち着くからと、お客さんを連れて西陣のご主人たちが商談に、打ち合わせにと、夜昼なく訪れた。長いお付き合いの人たちは、中里を気軽にいつも別宅のように使ってくれたのだ。

「飲みすぎたわ。おうどんでも食べたいなあ」と、梯子してきた後に立ち寄って、一休みして家へ帰るお客さんや、「マッサージを呼んでくれ」とお座敷でマッサージをしてもらって家路につく人もいた。

「お客さんのご家庭へ、お祭りや法事の時にはお手伝いに寄せてもらいました」と、家庭の接待にも出向いた。お客さんの人柄もご家族もわかるからお手伝いしやすいし、お客さんも気を利かせて立ち回ってくれるから頼りになった。そんな日常的なお付き合いに培われ、おっとりと寛ぐことができる家族的な伝統は、今も上七軒に残っている。

今、中村泰子さんは、組合長として、舞妓さんを置いているおかあさんとして、お茶屋の女将として、超多忙な日々を過ごし、活躍している。そんな中、いつも、「おかあさん、帰ってきたよ」と泰子さんを訪ねて、中里の暖簾をくぐるお客さんが、京都はもちろん、各地からやって来る。

「祇園の文化を未来へ　舞妓を育てるおかあさん」

祇園甲部　お茶屋「つる居」二代目女将　田中泰子《ひろこ》さん

きちんとした子を育てる難しさ
母親を見れば娘がわかる

田中泰子さんは、昭和三五年に舞妓でお店出しした。当時は、祇園甲部だけで五〇～六〇人の舞妓がおり、二年先輩には「ほんまに、別嬪さんがいはりました」。特に一〇人くらいは物凄い別嬪で、気が引けて近寄れないほどだったと言う。

昭和四九年につる居の女将を継いだ。祇園町で修業し、沢山の先輩や後輩に接してきた

田中泰子さん

田中さんが育てる舞妓は、売れっ妓になると評判だ。毎年、舞妓志望の中学生がたくさん面接に来る。必ず両親と一緒に来てもらい、特に、母親がどんな人であるかは大切なチェックポイントだそうだ。というのは、「きちんとした子供を育てる事ほど、難しいことはおへんのどす」。母親を見れば、どんな娘かわかると言う。

舞妓になるには、容姿はもとより、芸、作法、態度物腰など、様々な面で修業が必要だ。十五〜十六歳の女の子といえば、見た目も考え方も、最も変化する年頃だ。教えたことをきちんと学べる柔軟性がないと、屋方での修業は難しい。もちろん、お化粧が映えそうか、さらに綺麗になりそうか、美人になろうと努力する気持ちが強いかどうかは、「大切どす」。ぼんやりしていたのでは、美しくなれない。舞妓に出れば、どこへ行っても注目されて、前後左右から見られるから、立った姿、座る姿、歩く姿、顔の表情にも「気を配れへんと、あかんのどす」。

叱られ上手になることも成長するコツ

とはいえ、見栄えだけでは務まらないのが舞妓である。芸、礼儀作法や、お客さんのもてなし方も覚えなければならない。今や学校でも家でも、褒める教育が主流だ。褒められて当然と思っているような子は、新たなことを吸収できない。叱られるのを恐れて、うまく立ち回ろうとするような表裏がある子も伸びない。「叱られ慣れることが大切どす」と言う。叱られ、注意されてこそ成長できる。

舞妓になるには、生活態度もきちんとしていないと難しい。中学校の出席状況がどうだったかもチェックポイントだ。家庭教育や学校教育のあり方が問われ、挨拶すらできない子が居ると言われる昨今、地位のある人や外国人をもきちんともてなす作法を、十代で身につけるのだから、舞妓を育てる花街の教育は大したものである。

コミュニケーションとお付き合い

花街で協調性を持って生活できるように、先輩、同期、後輩とのお付き合いも仕込まれる。勤務時間が過ぎれば帰宅する会社勤めとは異なり、年季のあるうちは仕込みも舞妓も芸妓も、おかあさんと屋方で一緒に暮らす。世代を超えた理解と信頼関係を築くには、コミュニケーションが欠かせない。昔は、立ち居振る舞いや挨拶、年長者を大切にするなど和の作法を一般家庭で親が仕込んだが、今や時代は大きく変わった。

「おはようさんどす」、「こんにちは」、「お先どす」、「おおきに」など、ハキハキした挨拶や、おかあさんや先輩とのケジメ、「お荷物、持ちましょか」など気を利かせることも、まずは「一歩引いて、相手の立場に立つ気持ちがおへんと、自然にできしまへん。常が大切どす」。日常生活の中でおかあさんや先輩から注意され、周囲がどのようにしているか、見て学んで行く。

お客さんをなごませる花街言葉もしかり。「イントネーションを覚えるのに、一年はかかります。

自分の横に座らせて、間違いを直しながら、繰り返し覚えさせます」。生真面目に単語帳を作る仕込みさんも居る。外国語を勉強するかのようである。舞妓、芸妓が学ぶ事は、花街を知らない人の想像をはるかに超えてたくさんある。

そこに花街の誇りがある。二一世紀の今日、京都花街に生きるもてなし文化を、おかあさんの指導の下に、若い舞妓たちが日々修業し、受け継いで行く姿は新鮮である。

「数え年九歳で奉公　芸妓生活五七年」

先斗町　芸妓　三代治《みよじ》さん（岸田武子さん）

おもちゃと枕

三代治さんは、昭和二三年九月十五日数え年九歳、小学校三年生で先斗町へ入った。五歳の時に父親が亡くなり、京都で母親と弟と三人暮らし。子守に出るか、花街へ奉公に入るかということになり、先斗町「舛之矢」への奉公を選んだ。大事なおもちゃと枕を抱えて、着のみ着のままでやって来た。まだお人形遊びをしたり、おかあさんに甘えたい年頃だったが、それどころでは

芸妓としてお店出し（左）
（写真提供：岸田武子さん）

ない。自分の身の回りのことはもちろん、掃除や洗濯、ねえさんたちの手伝いから使い走りもこなした。お店出しする前は〝武ちゃん〟と呼ばれた。おかあさんが恋しいが、弱音を吐いたり、「家へ帰りたい」などとは言えない。それでも先斗町から四条通へお使いに出て、母親に肩を抱かれて市電に乗る同年輩の女の子を見ると、「どこへ行かはるのやろか……」と想像した。実家の母親の顔が目に浮かんだ。呆然と市電が走り去るのを見送りながら、その親子が別の世界の人に思えた。羨ましいという言葉さえ浮かばずに、その場をやり過ごした。「辛抱が大切どす」。十歳にもならない女の子が〝自分自身で引き受けなければならないこと〟、を背負って生きてきた。

屋方のおかあさんに躾られて

掃除洗濯、着物の整理、使い走りを小さな子供がこなすのは容易ではない。たとえば、屋方のおかあさんが棚を指先ですっと触って、埃が付いているようならピシッと叩かれて、泣く泣く掃除し直した。そうこうするうちに、次の仕事が待っている。どうしようもない辛さに、お手洗いで泣いたこともあった。

廊下や格子戸の雑巾掛けは、まずはポンプで井戸水を汲んで、二〇〜三〇枚の雑巾を絞って籠に入れて準備する。バケツを廊下に置いて雑巾を濯ぐと、水が飛び散って廊下にシミができてしまうからだ。着物は脱いだら、衣文掛けへ長時間掛けておくのは禁物。特に袷《あわせ》の着物は裾が〝袋〟になってしまうからだ。パッパッと叩いてチリを落とし、畳んで引き出しの一番下へ入れる。上に載っている着物が重石になって皺がとれる。翌日は引き出しの一番上にある着物を着る。この方法で着まわして、同じ着物を続けて毎日着ないようにする。いつもきれいな着物が着られるし、長持ちすると教えられた。

新年には新しい足袋や長襦袢《ながじゅばん》、腰巻をおろした。これも毎回続けて着ないで、やはり洗ったら引き出しの一番下へ入れる。翌日は上のものから使い、やはり着まわすと傷みが少なくてすむ。

「なんでそんなこと、せんならんのかと思いましたわ」と当時を思い出すが、それは今も役立つ生活の知恵である。

〝ハン取り〟で下駄をすり減らせて　先斗町を走る日々

屋方から子供の足で二〜三分ほどの立誠小学校（今は廃校になっている）へ通った。早起きして火鉢の灰を掃除して整えるなど、用事を済ませてから学校へ急ぎ、「お昼には家（屋方）へ帰って、ハン取りをすんのどす」。

昼食の時間になると教室を出て、お茶屋を回り、ねえさんたちが前夜どこのお茶屋でどれだけお花を売ったかを確認する紙券《しけん》に印を押してもらい、検番へ届けた。先斗町の路地を走り回り、下駄がすぐにすり減るので、ねえさんたちのお下がりをもらった。

当時、先斗町にはお茶屋が一五〇軒近くあり、芸舞妓は数百人いたからハン取りは大変だった。すれ違いざまに「ねえさん、こんにちは」と挨拶すると、「武ちゃん、気張ってなあ」と声を掛けてくれるねえさんもいた。そんな時、「あんたどこの子え」と聞いてくれれば、しめたもので、「おおきに、『舛之矢』の武子どす。おたのもうします」と、一人でも多くのねえさんに自分の名前を覚えてもらおうとした。人間関係が大切な世界。ねえさんたちに目を掛けてもらえば、いつか引き立ててもらえるかもしれないのだ。

ハン取りが終わったら学校へ戻れることもあった。すると給食のミルクに硬い膜がはって不味くて飲めないので、捨てに行くと先生に見つかり、首をつままれて水を張ったバケツを持って廊下に立たされた。そんな時は「サッと逃げて、屋方へ戻ったもんどす」。

すると、結局あれもやってこれもやってと、どんどん用事を頼まれて学校へは戻れず、鞄は学校に置いたままだった。

薄化粧して「鴨川をどり」のお運びさん

五月の「鴨川をどり」の時はさらに忙しかった。この時は一時間目か二時間目で学校を早退して、お茶席のおまんやお茶を運んだ。今ではアルバイトの女性がしているが、当時は仕込みさんたちがピンクの着物に薄化粧をして運んだ。

学校へは四分の一くらいしか行けなかったが、昭和四〇年頃まで「鴨川学園」は「鴨川実務女学院」として、踊り、お囃子、三味線などの邦楽や茶道、華道などの芸や稽古から、習字、そろばん、英語、美術、音楽（洋楽）などの科目を教える総合的な芸舞妓の学校で、「当時、女学校卒の資格になると聞きました」。

芸の稽古は、まずは見て学ぶことだった。午前一〇時頃から午後三時過ぎまで、ねえさんたちの稽古中も見学させてもらって勉強した。「お師匠さんに何度も聞けへんところは、ねえさんたちが『ちょっと、帰りに寄りよし』と家で教えてくれはったり、鼓や踊り、お茶などの稽古を付けてくれはったもんどす」と、人と人との関係は今よりずっと密であった。

一月七日の始業式には音楽の先生がピアノで「君が代」を弾き、斉唱した。「今はテープやけど、昔は情緒がありました。学園の遠足もあって、大原の〝三千院〟や〝寂光院〟へ行ったもんどす」。

体育の授業は美容の大敵

小学校の頃のこと。今の人は信じないだろうが、おかあさんから、運動すると手や足が大きくなり、体に筋肉が付いてがっしりしてしまうから、女の子は不細工になって、着物が似合わなくなると言われた。だから体育の時間はいつも教室に残って自習。運動会があっても、徒競走などはもってのほかだった。参加するのはせいぜいダンスやお遊戯だけ。

生活態度も当時は、何でも「へえ」と聞いて、問答無用。「電信棒にも頭をさげよし」と躾《しつけ》られ、とにかく丁寧な態度物腰で人に接し、可愛らしく「微笑んで話しよし」と教えられた。それでも、ただ愛らしいだけではいけない、「お先どす」「おはようさんどす」「こんにちは」「おおきに」「行ってきます」などという挨拶の言葉は、常に、はきはきときちんと声に出すように仕込まれた。

『背中に目を付けて歩きよし』と躾られ 昭和三〇年 芸妓からお店出し

芸妓でお店出ししたのは昭和三〇年二月三日、十六歳の時だった。お店出しの前には試験があった。お茶屋のおかあさんたち、ねえさんたち、組合の役員の前で舞や三味線を披露する。「ええよ」と言われなければ、さらに稽古を積んで、再試験を受けなければならなかった。

中学へは入学していたものの、おかあさんに「芸妓はんにならはるのに、学問は要らへん。廓《くるわ》というところは、月謝をもろうて勉強させてもらうところや。中学なんか行かへんでよろしい」と言われ、結局通わなかった。中学の教師が何度も屋方を訪問して、説得したが、事情は変わらなかった。

引いて出てくれたのは三代さん。当時三四歳で、年が離れており、可愛がってもくれた。おかあさんに「背中に目を付けて歩きよし」と躾られた。後ろから見られていることを常に意識して歩け、ということだ。肩甲骨を締めて、肩を落として、脚の付け根は締めて、腰を入れて、膝から下で歩く。下駄や草履も深く履きこまないで、指の股を少し浮かせておく。すると、膝から下で滑らかに歩けるのだ。

一番印象に残っているのは最初のお座敷。緊張してねえさんの後ろに座っていると、お客さんに「くろもじ(爪楊枝)!」と言われた。ところが、持っていなかった。ねえさんに用意が悪いと酷く叱られた。二度目に「くろもじ」と言われた時に、サッと差し出すことができた。ねえさんが褒めてくれて、とても嬉しかった。ねえさんには問答無用。とにかく毎日の習慣が大切だと、教えこまれた。

芸妓さんが一六〇〇人
名前を覚えてもらって第一歩

当時(昭和三〇〜四〇年代)は、芸妓が一五〇〇〜一六〇〇人もいたから、名前を覚えてもらうのが大変だった。「おかあさん、知らしとくれやっしゃ」と、お座敷へ呼んでもらおうと、お茶屋回りをしたものだった。夜道でねえさんたちに会ったら、「ねえさん、今晩は。どこへ行かはりますか?籠を持たしとくれやす」と、お座敷籠を持って次のお座敷まで送り、一人でも多くのねえさんに名前を覚えてもらおうとした。ねえさんが、「あの妓、呼んでやっとくれやす」と、お客さんに言ってくれた時は、本当にありがたかった。

先斗町を回った夜警のおじさん

当時はカラオケなど二次会へ流れる場所もないから、お茶屋で遊び続けて夜十一時を過ぎると、先斗町を歩く人はほとんどいなかった。人通りがないから用心のために、組合で頼んだ夜警のおじさんが、先斗町をパトロールしていた。洋装でマントを着て、コツンコツンと杖を突いて歩いていた。おじさんは歌舞練場から先斗町を下がって四条通へ出て、すぐ左の角に今もある派出所を曲がって、鴨川に沿って土手を三条へ上がって、また歌舞練場へと夜十一時頃から朝の六時頃まで巡回していた。

このおじさんに次のお座敷のあるお茶屋や屋方へ送ってもらい、勝手口で、心づけのチップや燗冷ましのお酒を少し、おじさんにあげたものだった。「のんびりした時代どした」。

「ねえさん、流さしとくれやす」女湯だけの「鴨川湯」

先斗町に「鴨川湯」という銭湯があった。創設は明治四三年十二月二七日。先斗町四条上ル下樵町《しもこりき》町で、旧立誠小学校の前あたりだ。浮世風呂ではないが、銭湯もおかあさんやねえさんたちとの人間関係を育てる大切な場所だった。ねえさんたちは自分の名前を入れた〝柳行李《やなぎごうり》〟を銭湯に置いていた。「（背中を）流さしとくれやす」と、この時も『させていただく』という気持ちで、先輩たちの背中を流した。手ぬぐいをいちいち洗い直して、また石鹸を泡立てた。お茶屋のおかあさんたちには背中を流しながら、「三代治どす。後で知らしとくれやっしゃ」と頼んだ。一〇人ほどの背中を流すのはざらだった。洗い終わったと思って、いざ自分の体を洗おうとすると他のねえさんが入ってきたりした。すると、そのねえさんの背中も流すことになる。そうこうするうちに、のぼせてしまい、時間もなくなって、自分の体は洗わずじまいということもあった。「ただ一生懸命になれたのは、若かったからどす」。女優の中村玉緒さんは立誠小学校の同級生で、今も親しいお付き合いをしている。「彼女のお父様の雁治郎さんも、先斗町へ来とくれやした」。尾上流を稽古している先斗町と歌舞伎役者とのつながりは深い。

助け合いながら共に生きることの大切さ

昔は、花街内はもちろん、よその子供にも、注意したり教えたりしたものだった。「若い人に注意するには、相手に好かれていなければならへんのどす」。好きな人に叱られれば、どんなことでも聞こうとするが、嫌いな人にいくら「あなたの為です」と注意されてもうるさく思うだけだと言う。人を叱るには相手を突き放すのではなく、『一緒にやって行こうという思い入れ』が大切だ。

「人間は誰でも裸で生まれてきたということと、健康で暮らせることに感謝する心を忘れてはあかんのどす。若い人たちには、口で諭すのではのうて、自分から先に立って、ええ見本を体で示さないと、覚えてもらえしまへん」。人とのつながりは、いつの時代にも大事だ。一人暮らしでも、病気になっても、皆で助け合える先斗町でありたいし、時代は変わっても、「若い人たちに、先斗町の伝統を受け継いで行って欲しい」と、幼い頃から暮らしてきた先斗町への思い入れを語る。

舞妓さんに聞きました
別嬪さんになるには？

仕込みさんから、舞妓さん、そして芸妓さんになると、誰だかわからなくなるほど美しくなる人がいる。綺麗になるには、外見だけでなく、礼儀作法や立ち居振る舞いがきちんとしていることも大切だ。今では、和の作法をきちんと教わる機会が中々ない。戦前は家庭や学校で躾られたが、大切なことでありながら、私たちの日常から遠いものになってしまった。だが、舞妓、芸妓になるには、作法がきちんとしていなければならない。屋方に入ると、生活の中で毎日仕込まれる。襖の開け閉め、和室(畳)の歩き方、お辞儀の仕方など、着物を着た時の身のこなし、美しい立ち居振る舞いや、さらに京都ならではの花街言葉、年長者への気遣い、など、一流のもてなしができるように躾られる。

若い舞妓さんたちは、日々、どんな努力をしているのだろうか。

人に注目される緊張感

「うちは不細工で、出たての頃は、中々呼んでもらえへんどした。同期の人たちがお花へ行くのに、屋方に取り残されて、ほんまに辛おした。美人なねえさんのお化粧を真似したりして、工夫しました。

お客さんが『少しは綺麗になったなあ。今度呼んでやろうか？』と言うとくれやして、励みになりました」。花街は、〝きれいどころ〟の世界。美しくならないと肩身が狭いし、お花がかからないのは辛い。皆が身だしなみに気を配り、別嬪さんになって行く環境に、若い舞妓も磨かれてゆく。

「舞妓に出てから、いつでもどこでも、すぐにカメラを向けられます。気軽に外も歩けへんのどす。肥えてしもうて。おかあさんに『少し痩せなさい』と言われ、ダイエットしてます。同期やねえさんたちと比較されますから、自分だけ不細工では気が引けてしもうて、舞にも自信が持てなくなります。少しでも綺麗になろうと思います」。周囲に揉まれて、競争心も出て、垢抜けてゆく。

「自髪で日本髪を結うと、顔がむき出しになります。ねえさんは、『どうもない』と言うとくれやすけども、小顔の人と並んで座ると、うちの顔が大きく見えてしもうて、恥ずかしおす。小顔ローラーや、エクササイズをしています」。常に注目される緊張感も、美しくなる秘訣のようだ。

「写真に撮られることが多く、自分の容姿を客観的に見るようになりました。眉をもっとこうして、とか、口紅の描き方は……、などと毎日気になります」。美人になりたい、と強く思うことが大切だとか。

「『綺麗だね』と言われると、自信がついて、表情が生き生きするような気がします」。褒められることを栄養にする人もいる。

「おかあさんが、うちに似合う着物を作ってくれはります。だんだんと、自分に似合う色、自分のイメージが、わかるようになりました」。自分を知ることも、美しくなる第一歩だ。

礼儀と作法も大切

「着物を着ている人を見たら、『おはようさんどす！』、『こんにちは』と、必ず挨拶しよし、とおかあさんに教わりました」。最初のうちは、誰がねえさんなのかわからないため、失礼のないように、とにかく頭を下げなさいと教わるそうだ。

「お茶を習わせてもろうて、敷居や畳の縁を踏まないように、落ち着いて歩けるようになりました」。今は、和室のない家で育つ人もあり、畳の生活に慣れることが大切という。

「マニュアルにできないのが、お座敷のサービスどす。ねえさんたちがどのようにお客さんに接しているか、どのようにおもてなししているか、見て学びます。後で叱られることもありますが、すぐに直すように気をつけています」。素直ならば、早く色々なことを学べる。

「ビールの注ぎ方は、ビンのラベルの部分を上にして持つか、下にして持つか。マッチは下から上へ擦るか、上から下へ擦るか。ねえさんによって、違う場合があります。大事なのは、注意されたらすぐに『はい、おおきに』と答えて、言われた通りにすることどす」。「そうどすか？」などと疑っているような言い方は禁句。何事も素直に聞くことを教えられる。

「ねえさんに、『最初は、舞妓になって注目されて嬉しいかもしれへんけども、毎回写真を撮られたり、話しかけられるのは苦痛になるもんや。それでも、そのお人は、舞妓さんに会った記念にと、写真を一生アルバムに貼って置かはるのかもしれへん。たった五秒・一〇秒の時間どっせ。愛想よくしてあげよし』と言われました。その通りやと、今も気をつけています」。舞妓さんは、外へ出れば、必ず注目されて、気が休まらない。声をかけたり、写真を撮ったりする時は、配慮したいものだ。

「お座敷で、トイレに立ったお客さんにさりげなくついて行き、おしゃべりしながら戻るのは、タイミングが難しおした」。ねえさんがするのを見て学び、自然にできるようになったという。

「仕込みに入ったばかりの頃は、慣れなくて緊張の連続どした。たとえば、ねえさんがお茶を入れてはると『うちにさしとくれやす』と、下の者がします。二四時間、ずっと気を遣って、疲れましたが、今は慣れました。たくさん勉強さしてもろうて、良かったです」。〝常が大切〟と言われるように、屋方の日常生活イコール修業の場であることがわかる。

「実家へ里帰りさしてもらうと、『毎日、こんなに楽で、ええのやろか』と思うんどす」。舞妓さんは修業の身。花街での日常は、中々寛げないことがわかる。だが、そうした緊張感のある中で、容姿も内面も磨かれて行く。

花街言葉の魅力

「お客さんをお送りする時に、『行っといでやす』と初めは中々言えへんどした。実家がお店をしているので、『ありがとうございました』と、つい言いそうになってしまいます」。花街では、「いらっしゃいませ」ではなく「おかえりやす」とお客さんをお迎えし、「行っといでやす」とお送りする。「花街言葉は、関東育ちのうちには、難しおす。最初は何度も間違えて、緊張してしもうて、中々しゃべれしまへんどした。たとえば、お客さんやねえさんが、『言わはった』ではのうて、丁寧に『お言いやした』と言うなど、おかあさんに毎日教えてもろうてます」。花街言葉は、よそよそしくも、馴れ馴れしくもなく、優しく響く。言葉を覚えるのも修業だ。

「うちは元々、話すのが苦手どす。花街言葉を覚えるのは難しうて、おかあさんの横に座って、何度も直されながら、覚えました。単語帳も作り、外国語の勉強のようどした」。昔は、花街に生まれて舞妓さんになる人がたくさんおり、自然に言葉を覚えてきたそうだが、今は、中学を出てから花街へ入る人がほとんどだから、言葉も学ばなければならない。

「お正月に里帰りして、中学の同級生と普通にしゃべっていて、我に返りました。友達に、『……どす』ってしゃべってみて、と言われて、戸惑いました。花街言葉は花街に居ないと、しゃべりにくいもんどす」。花街の環境があってこそ、花街言葉が口をついて出るのだろう。

仕込みさんから舞妓さんになるまでに、芸や作法、言葉、お化粧など、短期間の間に、非常に多くのことを仕込まれる。覚えることがたくさんあり、毎日が気を抜けない修業であることがわかる。

京都花街　歴史を作った奥座敷（その2）
西洋人をも魅了した美の化身
富豪に見初められたモルガンお雪

女を磨き上げる花街

舞妓さんになりたい女性は、まずは屋方へ入り、仕込みさんとなり、舞妓としてお店出しする。だいたい五〜六年後に、衿替して芸妓となる。ちょうど少女から女性へ成長する時期に当たる。折々の美しさを、節目節目の儀式や、雅な衣装、年齢に似合った髪型などで表現してゆく京都の舞妓と芸妓。その姿に似合うように、内面も磨かれて行く。

たとえば、舞妓のうちはおぼこい魅力が大切。戦前の舞妓は十一〜十三歳くらいだったから、あどけなく可愛いらしい少女だった。今の舞妓はハイティーンから二〇歳を過ぎた頃までなので、ほぼ大人。それでも舞妓はねえさんより出すぎず、可愛らしい様子が似合う。

ところが、衿替して芸妓になったとたんに、今度は成熟した大人の女性らしい美しさと、気遣いや機転、お座敷ならば座持ちの良さが問われるようになる。もっさり（気が利かない、垢抜けない）していては、「あほかいな」と思われるという。

昔は芸妓になると、お客さんとの粋な手紙のやり取りもあった。掛かった逢状《あいじょう》の返事や、馴染み客に一筆書く場合などには、紋紙《もんがみ》（家紋や模様が入った美しい和紙。合財紙《がっざいし》）を使った。合財《がっさい》（いわば財布）を紋紙で巻いて常に帯に挟んでおき、便箋の代わりや、急なお祝いには、折って祝儀袋にした。好きな芸妓から、文字も文章も美しい手紙をもらったら、男性は魅了されることだろう。

今も一〇代から九〇代の女性たちが暮らす花街。お互いに啓発しあい、後輩を躾ながら、女に磨きをかけている。

流行した舞妓と芸妓のブロマイド
南座前の写真館「美人堂」

「芸妓は結婚する立場やない」と言う戦前にお店出しした芸妓もあるが、歴史を振り返ると役者と結婚したり、良家へ嫁いだ芸舞妓は少なくなかった。地域によるが、戦前頃までは、町家の娘にとって、恋愛はいわばタブーであった。男性の恋の対象は、歌舞伎や文学、戯曲に見られるように、もっぱら芸妓や廓の女性たちだった。

写真の普及と共に、特に明治中期頃から役者や芸妓のブロマイドが流行った。「うちのブロマイドもありましたえ。綺麗なねえさんのはよう売れたそうどす」。大正生まれの芸妓によれば戦時中の強制疎開で壊される前まで、四条通を挟んだ南座の向かい（今は駐車場になっている）に「美人堂」という写真館があった。娯楽も少なく、今のようにタレントや女優がマスコミを賑わすこともなく、テレビもなく、男性向けの雑誌やグラビアもない時代だから大変な注目を集めた。当時を知る男性は「『別嬪は誰や？』とか、『新しく出た妓が好みや』と、仲間うちで品定めしたもんです。美人堂のショーウインドーを眺めるのが楽しみでした」と語った。ブロマイドの普及で、芸舞妓が閉ざされたお座敷の中だけでなく、町なかでも目に付くようになったのだ。

一流が認めた芸舞妓
役者や財界人など著名人との結婚

芸妓が注目を集める中、別嬪で知られ、ブロマイドが売れに売れた祇園町の万龍は、高島屋社長飯田新三郎氏と結婚し、女優の松井須磨子に祇園町の舞妓で最も可愛いと褒められただん子は、長唄の杵屋六左衛門夫人となった。だん子、おれん、富菊、小光、万龍、佳寸栄、桃龍は美妓七人組と呼ばれ、吉井勇、長田幹彦たちのお座敷には必ず呼ばれた売れっ妓だった。初代京都商工会議所会頭であった高木文平もおれんのスポンサー仲間の一人。佳寸栄は旅館の女将となり、桃龍は老舗料亭の女将となった。

長唄の芸術院会員で東京芸術大学教授であった山田抄太郎は、松本佐多（39頁参照）がとりもつ縁で、芸妓さとと結婚。彼の跡を継いだ長唄の師匠杵屋弥三郎もまた、祇園の芸妓寿美と結婚。二代目中村雁治郎は多美江と、彼の兄にあたる林又三郎も岸勇と結婚した。

吉田茂首相は、地方の豆力を贔屓にして、吉田首相の大磯の邸宅へ招かれたこともあった。佐藤栄作首相、岸信介首相、宇佐美日銀総裁も、祇園へ来れば彼女をお座敷へ呼んだ。一万田日銀総裁、渡辺三和銀行頭取など財界、金融界のトップから芸能界、歌舞伎の六代目中村歌右衛門、十五代目片岡仁左衛門とも親交があった芸妓だった。地方一本で、三味線を持たせたら右に出るものはいないと評価され、芸に造詣のある政界人、財界人をも魅了した。

今も、タレント、著名人や、三味線、お囃子、歌舞伎、狂言などの芸の家元や師匠と結婚する芸舞妓は少なくない。芸の世界のしきたりや、もてなしの作法を身に付けている芸舞妓は、伝統を重んじる歌舞伎役者や邦楽の家元の家風には馴染みやすいし、社交性を身に付けているので、色々な世界に順応できたのだろう。

明治時代　大富豪に愛されて国際結婚
欧米の上流社会に生きた祇園の芸妓・モルガンお雪

一流に愛された芸妓の中でも、祇園町のモルガンお雪（明治十四〜昭和三八年）は世間の注目を集め、波乱に満ちた人生を送った。本名、加藤ユキ。彼女が暮らした「加藤楼」は今も白川が流れる辰巳橋近くで、お茶屋「かとう」として続いている。

ユキに、アメリカの大富豪ジョージ・デニソン・モルガン（米国全土の鉄道、金融を牛耳った大財閥ジョン・ピアポント・モルガンの従弟）が夢中になったきっかけは、彼の案内役であった小林米珂（デ・ベッカーという外国人）から〝祇園芸妓の写真〟（ブロマイド）を見せられたことだったといわれる。

モルガンは日本を大変気に入り、明治三三年に横浜に本拠を定めて住み着いていた。彼は明治三四年祇園の縄手四条にあったお茶屋「尾野亭」へ行き、何人もの芸妓を呼んだが、彼の関心は既に写真で知っていたユキだった。実際に会ってみて、お座敷での振る舞いや美しいしぐさにモルガンは見とれ、東洋的情緒を醸す胡弓の音にも魅了され、遅くまでお座敷にいたという。

そして翌朝、早々に会いたいと円山の「吉水温泉」へユキを呼ぶという熱の入れようだった。落籍させて結婚しようと、夢中で通い詰めたモルガンは、ユキに贈り物をしたり、祝儀に桁はずれの大金を渡したり、気に入られようと紳士的に振る舞っていたといわれる。

胡弓を奏でるユキさん
（写真提供：祇園甲部 お茶屋「かとう」）

新聞はスキャンダラスな記事を連載
モルガンと学生との三角関係に悩んだユキ

それでも、ユキは断り続けた。四〇年前はまだ鎖国をしていた時代である。外国人は遠い存在だったし、狭い祇園町を出て海外へ嫁ぐなど心理的にも大きな抵抗があったと思われる。しかし、決定的な理由としては恋人・川上俊介がいたからといわれる。川上は保険会社に勤めるなど紆余曲折を経て、京都帝大に入り京都で暮らしており、ユキは自分の花代で彼の学費まで工面し、下宿へ通って若妻のように家事をしたと伝えられる。当時、帝大生といえば、末は博士か大臣か、将来が約束され、出世払いで遊べたエリートだった。

この三角関係をマスコミが書きたて、大衆の物見高さも手伝って、「モルガンお

若い頃のユキさん
（写真提供：祇園甲部 お茶屋「かとう」）

雪」をセンセーショナルな恋物語にしてしまった。川上との結婚を夢見たユキはモルガンを諦めさせようと、旦那がいるので手切れ金として四万円が必要だと伝えたと報道し、「四万円芸者」、「四万円の貞操」などと、興味本位に広められた。一万円あったら銀行が設立できた時代（『モルガンお雪』小坂井澄著　集英社文庫）、庶民には想像も付かない大金だった。

大阪朝日新聞は明治三五年三月から、「外人の失恋」と題して、スキャンダラスな記事を連載。お茶屋を営んでいた姉のウタは上客を手放したくないし、兄の音次郎に至っては莫大な財産をもたらすであろう金蔓を逃すまいとする欲が湧いた、などと読者の好奇心をそそる報道が続いた。

一方川上は、地位も財力も遠く足元に及ばないモルガンを前にして、ユキの将来のために身を引くしかなかったとか、外国の大富豪であるにもかかわらず一途に純粋な恋に燃えるモルガンに心を打た

フランス社交界の華となる
（写真提供：祇園甲部 お茶屋「かとう」）

れて身を引いたとか、逆に結婚するなら良家の令嬢という打算があった（実際に卒業後に結婚）などと言われている。

こんなエピソードも残っている。川上とユキが人力車の中で別れを惜しんでいた時、ユキは自分への愛を貫こうとしない川上を責め、感極まって喉を切ろうとし、止めようとした川上も怪我をしたなどと、話題は話題を呼んだ。

結婚して渡米
人種差別からフランスへ移住

明治三七年ユキは日本国籍を捨てモルガンと結婚し、結婚式は横浜山下町の小林米珂の家で行われた。二人は、一月二九日にニューヨークへ旅立ったが、社会的には人種差別があり、さらに、モルガン一族は家柄を重んじる上流階級で、日本人の嫁を冷たく迎えたと伝えられる。

ユキにとって、アメリカの生活は簡単ではなかったものの、一九〇六年にフランスに移り住むと、社交界の花形となった。一人の祇園の芸妓がヨーロッパ風に洗練されたドレスや、パリのトップモードに身を包み、フランス語を話し、チェロやバイオリンも習い、異文化の外国人社会で生きたことは、特筆すべきだ。ユキが欧米の教養や作法、言葉を身に付ける能力も才能もあったことがよくわかる。

フランス語で話しアメリカのマスコミを一喝したユキ

アメリカのマスコミが洋装で現れたユキに、「日本の着物より、パリのドレスの方がずっと素敵でしょう?」と皮肉に質問すると、ユキはフランス語で「日本の着物より、窮屈なアメリカ女性のコルセットの方が、はるかに野蛮だと思いますわ」と、きっぱりと答え、アメリカ社会も、ユキに一目置くようになったと言われる。

ユキの境遇は、やはり明治時代にオーストリア・ハンガリー帝国の代理公使として来日していたハインリッヒ・グーデンホーフ・カレルギー伯爵と結婚した青山光子(明治七〜昭和十六年)を思わせる。貴族社会の華となり、日本をイメージしたフランス製の香水「ミツコ」は彼女の名をとったのではないか、と言われるほど、ヨーロッパ社会に強い印象を残した。

夫の没後　ユキは再び京都へ

一九一五年にモルガンが亡くなった後、ユキは南仏に移り住み、昭和十三年に五八歳でニースから帰国し、京都(北区紫野門前町)で、マスコミや興味本位に近づく人を避け、ひっそりと暮らした。昭和三八年五月十八日、急性肺炎のため八一歳で、波乱万丈の生涯を閉じた。分骨され、お墓は東福寺塔頭の同聚院、高野教会などにある。ちょうど三回忌の法要を控えた昭和四〇年四月二日、パリ市から姉妹都市である京都市へ白いバラ「ユキサン」が贈られ、京都訪問中のフランス園芸協会会長ジャン・ドンジエ氏から京都市長に手渡された。

一般の女性が公の場に出ることができなかった明治時代に、日本どころか〝欧米の〟社交界に出て立派に振る舞える女性といえば、貴族の令嬢か、容姿に磨きを掛け、芸、作法を厳しく仕込まれ、地位や財力のある男性と対等に話すことができる芸妓だったのではないだろうか。

花街は狭い世界と想像されがちだが、そこに各界の一流の人物が集まり、さらに明治時代からは外国人も訪れ、芸妓たちは一般の女性が到底接することのできない人々や、見聞きできない物事に出会った。特に明治維新前後は、花街に多くの人が集い、社交の場となり、情報が集まる機会があったのだ。

ユキさん（写真提供：祇園甲部　お茶屋「かとう」）

第三章　粋な遊びの世界

一見さんお断り。
スローなお付き合いが
〝粋な遊びの世界〟を作った「京都花街」。
芸妓さん、舞妓さんと楽しく遊び、モテルには？
お座敷、ご飯食べ、主張…
舞妓さんがお客さんへのおもてなしを語ります。
おかあさんや祇園町の店主が語る、
ここでしか聞けない貴重な歴史
〝戦前から昭和の花街〟。
今、知っておきたい！　舞妓さんと楽しむ　〝お座敷遊び〟。
読みながら、〝気分は粋人〟、になってみましょう。

「花街《かがい》と重ねた八六年の春秋」

幾岡屋《いくおかや》　五代目店主　酒井小次郎さん

初代店主は祇園の別嬪《べっぴん》芸妓〝おれん〟

四条大橋から八坂神社へ向かう四条通、祇園町南側に「幾岡屋」がある。舞妓や芸妓の小物類、簪《かんざし》、櫛、帯締め、帯揚げ、お座敷籠、扇、根付、花名刺や、一般向けの京小物類が所狭しと並ぶ。小さな店は、いつもあふれるほどのお客さんで賑わう。

幾岡屋は創業文久二年（一八六一年）。当初は油屋（灯油屋）だった。三代目店主は祇園町の歴史に必ずというほど名前が出てくる芸妓おれんだ。明治三五年四月十二日発行・内務省届済　実用便覧『京都著名諸家案内』（発売元・交集社）の「著名小間物商」に、「祇園町縄手東　幾岡れん」と記されている。当時、幾岡屋は四条通縄手東

酒井さん夫妻と幾岡屋の店内

入ル北側にあった。

おれんは、小づくりで品の良い顔立ち。吉井勇や「祇園小唄」の作詞者長田幹彦らが祇園で遊んでいた頃、彼ら文化人を囲む美妓七人組（おれん、だん子、富菊、小光、万龍、佳寸栄、桃龍）の一人だった。吉井勇は、「おれんとはかの美しき人の名かわが片恋の憂き人の名か」と詠んでいる。

初代京都商工会議所会頭高木文平との縁

ところが、「おれんさんの母親の旦那さんが、財産を使い果たし、幾岡屋は借金地獄に陥ったそうです。奉公人は、皆どこかへ逃げはりました。親父は一番下で、九人目の丁稚。明治二一年生まれで、明治三二年に十一歳で愛知県のお寺から幾岡屋へ奉公に来ました。実家へ帰ることもできず、仕方なく店に残っていたそうです」。番頭も他の丁稚も誰もいなくなり、酒井さんの父親は、借金を被ることになってしまった。途方に暮れていたところ、借金を肩代わりしてくれる人が現れた。おれんのスポンサー仲間で、初代京都商工会議所会頭だった高木文平だった。彼は蹴上《けあげ》のインクライン（傾斜鉄道）や蹴上浄水場、蹴上発電所などを計画し、東京遷都後の京都を盛り立てた人物だ。毎年一〇月、京都御所から平安神宮まで、維新勤王隊、幕末志士など歴史上の人物に扮した人々が行列する「時代祭」では、今でも先頭にタキシード姿の「高木文平」が登場する。

彼は「返すお金があってもなくても、とにかく毎月顔を出しなさい。返済は、その時に返せるだけの額で構わないから」と酒井さんの父親に言った。若かった父親には、その借金は一生かかっても返済できない膨大な金額に思えた。だが他に選択肢はなかった。

店は人に渡り、父親は簪やら小物を背負って、祇園町やあちこちの花街へ、毎日足を棒にして行商した。幾岡屋にお客さんは付いていたから、そこそこは売れたが莫大な借金を思うと毎日必死だった。芸舞妓の数は今に比べて多かったが、競合する店がいくつもあった。

おれんが名付けた小次郎

「おれんさんは親父を可愛がってくれはりました。『あんたに男の子が生まれはったら、名前は〝小次郎〟と付けなはれ』と言わはったそうです。おれんさんは大正十四年十一月十八日に亡くなりました。そして、私はその六日後に生まれ、小次郎と名付けられました」。

おれんには高木文平との子供、文之介がいた。「親父がまだ丁稚の頃に、一緒に遊ばはったそうです」と、血のつながりはないものの、おれんさんとは深い縁があった。

「私が小さい頃、袋を渡されて届けに行きました。それが借金の返済だったとは、後になってから知りました」。袋を渡すといつもお菓子をもらって、喜んで帰ってきた。父親が借金を返したのは、本人の想像をはるかに超えて早く、「昭和十二年の盧溝橋事件の少し後、昭和十三〜十四年頃に返済が終わったようです」。

父親を信頼に足る人物だと評価した高木文平は、鳥辺山（西大谷）の自分のお墓の隣に幾岡屋と酒井家のお墓も作ってくれた。彼が亡くなったのは明治四三年九月二七日だった。

父親は松本佐多など有名芸妓と知人

丁稚だった酒井さんの父親は、こうして幾岡屋の四代目を継ぐことになった。「父は仕事柄、芸妓さんや女将さんに友人知人がたくさんいました。特に、松本佐多さんと親しくしていました。鯖寿司で知られる〝いづう〟の向かいにある佐多さんのお茶屋〝杏花〟へ、『ちょっとお茶を飲んでくるわ』、とよく出かけていました」。

当時、佐多といえば祇園の芸妓であり、有名人。井上流の後見で、三世井上八千代師匠の片腕として、八〇年も舞一筋に貢献してきた。山県有朋、児玉源太郎、寺内寿一、桂太郎などの後援者を持ち、谷崎潤一郎や大佛次郎、吉井勇、堂本印象など文化人との交流も深かった。谷崎潤一郎は「明晰なる頭脳非凡なる記憶力、老いて少しも衰えない機鋒と才気、且つ何よりも八〇歳というのに壮者に劣らない異常な体力、正に此の人は一個の女傑であり、何かの拍子でもし風雲に乗じていたなら、すぐれた女政治家にも、教育家にも、事業家にもなりえる資質の持ち主であった」（『祇園・粋な遊びの世界』淡交社）と語った。吉井勇が「かにかくに芸はたふとし京舞に生くる佐多女は老を知らずも」とか「京風の地歌の舞のしめやかさ芸の深さを佐多女つたふる」と詠んだほどであった。

ミンチボールやローラースケート
少年時代の祇園町

「子供の頃、『今日は家を手伝いますから』と学校を休んだものです。姉と一緒に集金して回り、子供が一日に四〇〇円くらい集金しました」。花街が賑わい、相当な売り上げがあった。

集金を手伝った後、月に一回家族で外食した。「昭和一〇年から十五年頃、洋食屋のミンチボールが、ジュース付きで五〇銭ほどでした」。外食する人が少ない時代、子供ながらに楽しみにしていた。四条通大和大路東入ル北側にあった「スター食堂」は思い出の場所。「当時、京都のフランス料理といったら、京都ホテルや都ホテルのレストランでした。超一流で高かったですよ。子供が行くような場所ではないですが、舞妓になった小学校の同級生たちは、お客さんと出かけていたんと違いますか」。

祇園町の学校だから、当時は同級生に家娘や芸妓の娘がたくさんいた。舞妓に出る女の子たちは小学校四〜五年生くらいになると学校の授業は午前中で切り上げて、午後から八坂女紅場《にょこうば》学園へ通った。十一〜十二歳で舞妓になるのだから、同級生とはいえ、男の子たちとは別の世界へ幼い頃から入った。

弥栄《やさか》小学校へ入学した頃のこと。当時、京福電鉄は通っていて嵐山へは比較的簡単に行けたが、大原へはタクシーで行くしかなかった。「大原から馬で通ってくる生徒がおり、馬を繫ぐ場所が学校にありましたわ。今も縄手にある『一銭洋食』は、本当に一銭でした」。一銭だと天かすとカツオの削り節だけ。二銭だとそれに肉が加わった。三銭だとさらに卵が加わり、四銭だとさらに海老が入るのだった。

「祇園町にも紙芝居屋が来ました」。何かお菓子を買えば、前で堂々と見られるが、何も買わないと後ろの方から覗き見た。リヤカーを引いた金魚屋も来たし、「わらびもち〜、しがらき、ぜんまい」と声をかけながらお餅売りが、祇園町の路地を歩いていた。

「小学校の頃、学区対抗で、それぞれ五〜六人が組んでローラースケート・リレーをしたものです。祇園町がリレーのコースで、巽橋から末吉町を回って、〝みの家〟さんあたりを走りました」。最初はかまぼこの板に車を付けて滑った。そのうち、日本製のローラースケートが一円で出始め、「アメリカ製のレミントンは五円、ハミルトンは三円五〇銭でした」。父親にアメリカ製のレミントンを買ってもらい、嬉しくて祇園町をビュンビュンと風を切って走った。

年頃になると花街を出てゆく男の子たち

「当時、お茶屋の息子たちは、ぎょうさんお小遣いもらってました。皆、ええローラースケートを何足も持ってましたわ」。花街は女性社会。お茶屋や屋方の跡取りになるのも、舞妓や芸妓になるのも女の子だ。男の子は小さい頃は皆から「ぼん、ぼん」と可愛がられるが、遅くとも十三〜十四歳までは遠くの親戚に預けられたり、里子に出されたりした。年頃の男の子がうろついていたのでは、商売にひびく。お客さんたちの間で「誰のエエ人（恋人）やろか」とか、「誰の旦那やろか」などと噂されかねない。たとえ子供でも、宴会が始まりお客さんが来る夕方にもなると、男の子は居る場所がなくなり、お小遣いを渡されて河原町へスマートボールやコリントゲームをしに出かけていた。「一緒に遊びに行ったこともありました」。同年齢の女の子たちが舞妓に出たり、そろそろ衿替して芸妓になるという頃に、男の子たちは街を出て行く。当時は、花街に生まれた男の子と女の子は、兄弟でも離れ離れになったり、まったく違った道を歩んだ。

泣きながら物干しで稽古した舞妓たち

昔の芸の稽古は厳しかった。「朝の五時だったか六時だったか、仕込みさんや舞妓さんが物干しで三味線の稽古をさせられていました。夏ならまだしも、冬場は凍えるように寒くて真っ暗。でも、早く覚えさせないとお座敷にも出せませんから、叩かれて泣きながら稽古しはる声が、家にも聞こえてきました」。奉公に来て、帰る家もない人たちは、それに耐えて腕を上げるしかない時代だった。

女湯がぎょうさんありました

祇園町にはたくさん銭湯があった。「『祇園湯』や、かにかくにの石碑があるあたりに『鷺湯』、一銭洋食の店があるあたりに『大和湯』、切通しの〝いづう〟の隣には『松湯』、新橋の新門前には『亀湯』、今の祇園東にもありました」。当時は銭湯に石鹸などを入れた行李《こうり》を置いていて、酒井さんも幾岡屋と黒字で書いた行李を使っていた。

女性が中心の祇園町だから、女湯の方がはるかに広くできていて、男湯の倍くらいあった。「女湯の前では、ねえさんたちの着替えや手ぬぐい、盥《たらい》などを持ってお供についてきた仕込みさんが待っていました」。子供だから銭湯の前で石蹴りをして遊んだり、おしゃべりしていて、ねえさんがお風呂から上がると、着替えを渡したり、手ぬぐいを渡したりして、ねえさんの後について屋方へ戻るのだった。

梅雨の大洪水
女将さんを戸板に乗せて救助

「あれは昭和一〇年六月二九日やった。恐ろしい洪水やったから、よく覚えています。酷い豪雨で、ここ四条通も四条河原町も先斗町も川のような状態。空梅雨と言われた年で、恵みの雨と言っているうちに、大水になりました」。歩く道もなく、泳ぐしかなかった。

当時川端通にあったお茶屋「吉松」のおかあさんが二階で取り残されていると連絡が入った。これ以上水位が上がったら溺れてしまう。泳げる人を集めて、助けに行くことになり、酒井さんはまだ一〇歳だったが水泳が得意だったので、大人に加わり「家の戸板をはずして、六人で泳いで助けに行きました」。おかあさんは、「うちは死んでもええのや。早く、逃げとくれやす！」と窓から叫んだが、ようやく戸板に乗せて、祇園末吉町まで連れて行った。おかあさんは蒼白な顔をしていたが、後に、助かって良かったと喜んでいた。「おかあさんを助けられて、子供ながらにほっとしました。今もあの日を思い出します」。

吉松さんは大きなお茶屋だったが、今はもう跡形もなく、広場になっている。

学徒動員
陛下から「ご苦労」のお言葉

「もう、占いやら、信仰やら信じる気はありませんわ」。戦時中、学徒動員で同級生が、名簿の上から順に、広島、千葉……という風に割り振られてあちこちへ送られた。広島へ行った友達は原爆で亡くなった。「名簿の一行上か下かということで、人の生死が決まってしまう。そんなんでええもんやろか、と思いましたわ」。

昭和十九年、酒井さんは同志社高商二回生（後の同志社大学商学部）の時に、特別甲種幹部候補生制度発足一期生として、松戸工兵予備士官学校へ入隊。同期生に、同僚の爆死など悲惨な戦争体験をもとに『肉弾』、『日本の一番長い日』など数多くの作品を残した岡本喜八監督や、相撲界に入り関脇から親方となった吉井山がいた。

昭和二〇年五月二五日夜、東京大空襲の後、トラックで東京へ緊急出動。被災者の救助活動をし、三日後には皇居内の焼け跡整理をした。十六弁の菊の御紋が入った瓦は、奉げつつ丁寧に運び、処理場所にそっと置かせていただくのだった。その時、胸に勲章をたくさんつけた威厳のある軍人から、「ご苦労！」と声をかけられた。少しして、「あれは誰だったのだろう」と同僚と話すうちに、それが大元帥陛下、つまり昭和天皇だったと判明し、「ただびっくりしましたわ」。

強制疎開で街並みが変わった祇園町

そんな兵隊時代の後、昭和二〇年八月十五日の終戦の後、九月中旬に故郷祇園町へ帰ってきた。家はめちゃめちゃで、誰もいなかった。両親を探しまわって、ようやく会えた。荷物を滋賀県の堅田へ預けたというので、それをまずは取りに行ったが、戦争のどさくさで半分は無くなっていた。

祇園町を歩くと、白川のあたりは強制疎開でお茶屋が潰され、町並みがすっかり変わった。家のない通りを見て呆然とした。更地にな

現在の祇園町南側の町並み

ると、どこにどのお茶屋があったのかまったく思い出せなかった。堀川通、御池通、五条通なども強制疎開させられ、広い道路になっていた。友人の家もなくなり、両親の話では、自宅も潰される予定だったが、終戦で取り壊しが中止となったということだった。

祇園町北側の花見小路のあたりも、戦前は、今の切通しほどの細い路地だったのに家々が壊されて道幅が広くなっていた。「祇園町で床屋をしている友人が『在郷軍人会』の下部組織の一員として、昭和二〇年だったか、あちこちの家を潰しに行ったといいます」。祇園町は、すっかり町並みが変わってしまった。

結婚式（写真提供：酒井小次郎）

戦後　花街の繁栄と結婚

「戦後、祇園町には昭和二一年頃からまたお客さんが来はるようになりました。戦後の第一号舞妓は、後の『つね家』の女将さんでした。花街の復興は早かったですよ」。昭和二五年頃、イタリア製のバイク〝エブスター〟を買い、まだ恋人だった奥さんを後ろに乗せて、神戸の芦屋の海岸へ飛ばした事は、忘れられない思い出だ。バイクが珍しい時代で、海岸に着くと人が集まってきた。そして、昭和二七年五月三日に結婚。以来ずっと一緒にお店を切り盛りしてきた。高度成長期に入り、花街も経済と共に発展した。

「私がお茶屋へ行くようになったのは、昭和四〇年頃、四〇歳になった頃からでした」。舞妓になった小学校の同級生たちは、かなりのねえさんになり、引かされて結婚した人もいた。「大正時代から、昭和、平成と祇園町に生き、お茶屋さん、屋方さん、芸妓さん、舞妓さんたちに接してきました。時代は大きく変わりましたが、私の花街への思い入れは昔と変わりません。外国からも注目されているようですが、京都ならではの花街の伝統が、少しでも若い人たちに支えられ、未来に受け継がれていって欲しいと思っています」。

「愛される〝お説教〟のお茶屋」

祇園甲部　お茶屋「岡あい」二代目女将　檜垣美代子さん

〝お茶屋〟が嫌いな家娘

檜垣美代子さんは、昭和二年に母親が開業したお茶屋「岡あい」を、昭和四〇年に二五歳で継ぎ、二代目女将となった。岡あいの暖簾をくぐり、檜垣さんの優しい笑顔に迎えられると、思わず「ただいま」と言いたくなる。そして、おっとりとした物言いに心が和む。

「若い頃はお茶屋が嫌いで、お嫁さんに憧れて、花嫁修業にと、習い事をぎょうさん

女将を継いで間もない頃
（写真提供：檜垣美代子）

したんどす」。お花、お茶、裁縫、料理、日本画、書、笙、琴、車の運転、英会話、ゴルフなど、趣味は数え切れない。

母親（先代女将）にお稽古に行くと言うと、いつも、「何でも習いよし」と勧めてくれた。だから、家にはたくさんお金があるのだと思っていたら、女将を継ぐことになって通帳を預かって驚いた。「えぇっ、おかあさん、ほんまにこれだけどすの？」。母親が他に財産を隠しているのかと思ったほど少なかった。だが、母親は「これから家業に気張って、良いお客さんを増やしよし」と、いとも簡単に答えた。

家娘だが、なるべく家から離れようとしていたので、お茶屋の仕事に慣れる努力をしていなかった。女将になって間もない頃、国際会議場で〝手打ち〟があり、地方《じかた》の大御所だった美与吉さんやこわいねえさんたちが出演した。女将になったばかりでドキドキしていたら、「うちらが舞台へ入ったら、あんた、すぐに草履を出口へまわさなあかんのえ」と、叱られた。お客さんからも、教えてもらった事は数多く、「失敗談はサザエさんに負けないくらいどす」。

「クソババア」と言った学生さんが墓参り

先代は気風が良く、若い人によくお説教した名物女将。「今もですが、岡あいは『お説教のお茶屋』とお客さんに言われております」。四〇年も前だったたか、親にもらったお小遣いを持って、岡あいへやって来たお客さんの息子さんたちに、先代が、「あんたらは、まだ親のすねかじりどっせ。お座敷なんて、十年早いわ！ここに座って、行き来する舞妓でも見とき」と台所へ座らせた。すると彼らは、「せっかく来たのに……。お座敷へも上げないで、このクソババア。早よ死ね！」と悪態をついて帰ってしまった。

ところが、先代が亡くなると、四〇～五〇歳になったその人たちが「お参りさせてください」と、御逮夜《おたいや》毎にやって来た。お説教されたことが、「実は、嬉しかったんどっしゃろねぇ」。

毎日酔って訪ねてくるお客さんの息子さんもいた。飲み過ぎるので、二本だけお酒をつけて「早う、お帰りやす！」と取りなすと、「親にも叱られたことがないのに、覚えとけ！このクソババア」と千鳥足で帰って行った。彼は夜中に岡あいの入口にパチンコ屋の開店祝いの花を並べ、外へ出られないようにしたり、色々な他愛ないいたずらをした。「ああ、あの××さんの仕業や」と言いながらも、××さんとのお付き合いは続いた。

いつもグループで遊びに来る若い人たちもいた。その内の一人が「なんで僕だけ、毎回怒られるんや」と文句を言った。すると、「あんたは中京の老舗のぼんや。家柄からして、しっかりせんならん立場なのや」と諭した。

「先代もうちも、『このお客さんとは合わない』と思うたら、はっきりお断りします。お互いのためどす」。わざわざ遊びに来てもろても、無駄遣いになってしまう。また、信頼できないお客さんとはお付き合いはできない。だが、いったん信頼関係を築いた馴染み客には、「丁寧に誠意を尽くしてもらいます」。

祇園へ男を上げに行く

「昭和二〇〜四〇年代中頃までは、覇気のある男性がいはりましたねぇ」。当時はお茶屋で、会社の将来を考えて真剣に議論したり、自分のことはさておき、社会のためを思って議論に明け暮れる学者さんたちがいた。芸にも通じていて、見栄えは悪くても芸の立つ芸妓さんを熱心に応援するお客さんもいた。そういう人たちは、義理で切符を買うのではなく、「心から〝都をどり〟や〝温習会〟を楽しみにしておられました」。だから、芸にはとても厳しかった。

少し前までは、祇園は男を上げに行く場所と言われた。馴染みのお茶屋があることで男性は信頼できると評価され、認められた。上司に連れられて来る若い人たちは、いつか自前で常連になることが一つのステイタスであった。檜垣さんは今も、三〇〜四〇代の人が上司に連れられて来ると、「せっかくの機会どっせ。接待の仕方や、遊び方を見て学びなさい。お座敷で勉強おしやす!」と諭す。昔のように、口答えしたり、反論する人もなく、「今は静かなお客さんが多いどす」。

大繁盛した高度成長期
最初に公休日を決めた岡あい

お茶屋が大繁盛したのは「昭和三〇年代後半から五〇年代どしたねぇ」。今の倍くらいいた芸妓さんも、お茶屋も休みなく働いた。景気が良く、接待のために何人もの芸妓に数日間もお花をつけるお客さんもいたし、東京からのお客さんも多かった。そんな中、月一回の公休日を決めたのは岡あいが最初だった。一緒に働いている人たちは喜んだが、檜垣さんは「自分が休みたかったからどす」と話す。

その頃の舞妓は、気を遣いすぎて消極的だったが、今の舞妓はよく話すし、自由で積極的だ。それでも、今の時代に屋方で〝修業〟する「舞妓さんは偉いと思いますわ。うちやったら、厳しくされて嫌になり、帰ってしまいますやろねえ」。お客さんの中には、舞妓は「孫娘みたいなもんだ。可愛がって育ててくれ」と言う人もいる。

若い頃、お茶屋の仕事は嫌だと思ったものの、お稽古したこと、学んだことを生かして、宴の場を仕切る女将として、多くの人と出会い、充実した日々を過ごしてきた。これからも、祇園ならではのお茶屋の文化と伝統を守って行きたい。

「中学三年生で住み込み　女将となり先斗町《ぽんとちょう》に生きる」

先斗町　お茶屋「井雪」四代目女将　中西超子《のりこ》さん

昭和三七年　最後の住み込み奉公

中西超子さんは、昭和三七年に中学三年生で、先斗町のお茶屋「井雪」へ入った。すでに、家の仕事をする人は通いで働く時代で、超子さんが最後の住み込み奉公となった。当時の女将は小田文子さんだった。「井雪」を創業したのは、文子さんの祖母川島イクさんで、明治三五年五月のことだった。

「おかあさん（女将の文子さん）から、何も要らへん、着の身着のままでええ。そやけど、枕が替わって眠れへんかったら困るやろ。枕を持って来なはれ」と言われて、枕ひとつ抱えて奉公に入った。今の井雪は、火

中西さん、17 歳の頃
（写真提供：中西超子）

災の後再建され、平成三年に完成した建物だが、当時は「一階におかあさん、二階にねえさんたちとうちが寝起きしておりました」。階段の下の一畳半の場所が、超子さんの居場所だった。階段に付いていた二段の引き出しに、身の回りの品すべてを入れた。「持ち物もおへんし、充分どした」と当時の簡素な生活を思い出す。

子供の頃、無口で人見知りしたので、「あの子は奉公へ行かはっても、三日ともたへん。大変やもん」と近所の人に言われた。だが、奉公に来てみると、「毎日三食おいしいものを食べさせてもろうて、きちんとしたべべを着せてもろうて、寝巻きでも何でも衣類は揃えてもろうて、衣食住に何の心配もない生活で『結構な世界やなぁ』」と思った。

市電を停めたりトイレで居眠り
当時のユニークな舞妓さん

奉公しながら、井雪から岡崎神社の向かいにある岡崎中学校へ通った。朝は眠かったが、学校へ行くのは楽しみだった。四条通から市電の七番に乗って、天王町で下車。放課後、家（井雪）へ帰ると、午後三時頃から仕事が始まった。掃除の仕方でも何でも、教えてもらうわけではない。先輩がしているのを見て、一生懸命気を利かせて働いた。決して楽な毎日ではなかったが、思い出すと面白可笑しいこともたくさんあった。

「うちらは団塊の世代。お店出しが続き、舞妓さんがたくさんおりました」。当時は、大らかで個性的な芸妓や舞妓が多かった。文子さんから、「舞妓さんを見張っていなさい」と毎晩言われるのだが、その舞妓は素早くサッとお手洗いに入って中から鍵を掛けてしまう。宴会のさなかに眠くなり、ゆっくり寝ようとお手洗いへ隠れるのだ。戸を叩いても、呼んでもまったく反応はない。どうしようかと途方に暮れていると、お客さんがお手洗いを使うからとねえさんたちが開けに来る。ところが、誰が呼んでも、舞妓には聞こえないし、出てこようともしない。眠っていた舞妓はひどく怒られるのだが、落ち込むこともなく、凝りもせず、毎晩トイレで寝ていた。「トイレで隠れんぼうか、鬼ごっこか」と、お客さんも結構楽しんでいた。

「何度も市電を停めはった舞妓さんもいはりましたわ」。酔っては四条通へ走り出て、電車が来ると線路へ駆け込む不思議な舞妓がいた。今なら大騒ぎである。だが、運転手さんは毎回市電を止め、乗客も笑って済んだ時代だった。

「ぴゅーっと、ビールを吐かはる舞妓さんもいはりました」。お客さんが面白がって飲ませると眠くなって横になって寝てしまい、無意識のうちにぴゅーっと汐を吹くようにビールを吐きだすというのだ。畳に新聞紙を敷いたり、横に洗面器を置いたりした。着物はもちろん汚れるし、掃除も大変なのだが、皆が「またか」と面白がった。悠長な時代だった。

雑魚寝《じゃこね》の夜
居つづけ先斗町

『居つづけ先斗町』と言うように、お客さんが「数日泊って行かはりました」。当時の先斗町は夜中には人も通らず、昼も夜も鍵を掛ける家はなかった。お茶屋で宴会が遅くまで続くから、先斗町にたくさん人はいるのだが、皆がお茶屋に入ったまま。場所を替えて飲み直すバーも、もちろんカラオケもなかった。

十二時を過ぎると「雑魚寝」になった。人気のあるお客さんが雑魚寝するとなると「○○さん、いやはるえー」と、宴会がお開きになった芸妓や舞妓が集まってきた。気がおけないお客さんと時間を気にせずゲームをしたり、飲んだり、ガヤガヤ騒げる雑魚寝を皆が楽しんだ。

作家、画家、学者をはじめ沢山の著名人が数多く訪れた。水上勉の『出町の柳』の舞台は上七軒《かみしちけん》だが、登場人物のモデルは文子さんだったと聞いている。

常に『へえ』と従った若い日々

そんな日々の中で、礼儀にしても家事にしても、すべて毎日の積み重ねを大切に、「初心忘るべからず」と文子さんに常々言われた。高卒や大卒の人なら、毎日何でこんなことをしなければならないのかと疑問に思うだろうが、「うちらは子供で、失うものは何もおへん。何でも教えられるままにでけたんどす」。『1＋1＝2ではない』ことや、『長いものには巻かれろ』という言葉も常々聞いた。幼いながらも『どうしてやろ』と疑問に思ったが、「そうどすか」とか、「そやけど」などという反抗的な言葉は禁句なのだ。

昔は、おかあさんが絶対的な存在であり、とにかく「へえ」と従うものだった。人の言うことを常に〝有難く聞く〟のである。ちょうど反抗期になるような年頃だから、いくら昔の子供とはいえ、たやすいことではなく、「お手洗いで泣くような辛い時もありました」。だが、自分も二〇歳を過ぎて大人になると「おかあさんのお言いやした通りや」と思うようになった。

芸妓さんとお客さんのケジメがあった昔

当時は芸妓さんとお客さんとのケジメがきちんとしていた。「お客さんと一対一で出かけはったら、お客さんがお茶屋へ芸妓さんを送り届けはったもんどす。とにかくお茶屋が拠点どす」。昔は、お客さんが芸妓を送り届ける車を、お茶屋が手配した。

お座敷が終わったはずなのに、芸妓さんが屋方へ戻らないとなれば、「〇〇さん居はりますか？」とお茶屋へ電話が入った。そして、「一〇分前に出ましたえ」とでもなれば、「まだ戻らへん。どこで何しとる！」と大問題になった。ところが今は、芸妓さんが携帯電話でお客さんと約束して、お茶屋さんへ「×月○日は○○さんと××へ、ご飯食べに寄せてもらいます」などと逆に連絡してくることもある。本来ならば、お客さんとお茶屋で予定を決めて、それを芸妓に連絡するのだ。お客さんと出かけた後も、お茶屋へ寄らずに「今、マンションへ帰りました」とだけ電話で報告をする芸妓もいる。

お客さんが芸妓と深いお付き合いをするという場合には、旦那さんになって花街内でその立場を公にして、芸妓にそれなりのサポートをしなければならない。二人だけでこそこそお付き合いしたりするのは無粋である。何か問題が起これば、おかあさんが間に入って解決する。だから、万が一、トラブルでもあった場合には、おかあさんに状況を知らせていないと、芸妓や舞妓は助けてもらうこともできないのだ。だが今や状況は変わってきた。

舞妓さんや若い芸妓さんのことを一々気にしていても仕方がないし、『これも時代の流れ』と大きく構えて、おかあさんやねえさんたちは静観している。

旦那さんは貫禄たっぷりでダンディ

「当時の旦那さんは大人でした。たとえば、芸妓さんが恋人と出かけはったとお聞きやしても『そうだったのかぁ。あいつぅ』てなもんどすわ。大きく構えてはった旦那さんがたくさんおいやした」。そういう旦那さんは床の間の前にどっしりと座って、大きいねえさんばかりを呼んだ。決して威張ったりすることはないのだが、威厳があって、舞妓や若い芸妓は気安く近くへも行けなかった。地位や財力とは関係なく、一目置かせるような旦那さんは尊敬された。涼しい顔をして、手の平で芸妓を遊ばせるのが旦那さんだった。

高野参りと伊勢参り

先斗町には、「高野参り」と「伊勢参り」と講が二つあり、毎年交互にお参りしている。

公家や武家などのお墓がたくさん並ぶ高野山の奥の院への参道に「京都鴨川組納骨塔」がある。先斗町の人が亡くなると、戒名を入れてもらって高野山へ分骨する。宿坊は〝常喜院〟で有志が講を掛け、お参りして一泊する。お伊勢参りは「丸寿組」といって、夫婦岩で知られる二見興玉神社に、石燈籠が対で建っている。

今ではお金を積んでも手に入らない貴重な場所に先斗町の塔が建っているのだが、講を掛けるのは六〇代から八〇代の人たちばかりだ。先斗町のお茶屋組合では、毎月積み立てて、石碑の修繕やご先祖の供養をしている。供養塔は、昔から今につながる先斗町に生きる人たちの絆とも言える。

「先斗町へ入り、五〇年を過ぎ、様々な方々に出会い、苦労もありましたが、幸せなこともありました。今、先斗町へ来て本当に良かったと思っています。次の世代の若い人たちに、お茶屋をつなげて行けるよう、体が動くうちは気張ろうと思います」と、今後の意欲を語る。

内側と外側からの人づくり
～芸を通したお客さんと芸舞妓との遊びの接点を大切に～

宮川町　お茶屋・屋方「花傳《かでん》」女将　武田伊久子さん

縁あって花街へ

武田さんの母親は美容師。子供の頃、「母のお店で、舞妓さんの髪型を特集する雑誌の記事を見て、そのヘアスタイルに憧れました」。いつか、自分も舞妓さんのような日本髪を結ってみたいと思った。

学校を出てから、バレエの学校へ通うために京都へ来た。友達もたくさんでき、その中の一人の祖母が、宮川町のお茶屋の女将さんの友人だという。武田さんは興味を持ち、その女将さんを紹介してもらい、会って話を聞くうちに、『舞妓になろう』

衿替したての頃の武田さん。芸妓・小糸
（写真提供：武田伊久子）

と決心した。バレエから花街へ、一八〇度の方向転換であった。屋方へ仕込みに入り、昭和五八年、舞妓としてお店出しし、昭和六二年に衿替して芸妓となった。

〝生きた文化〟として花街を残したい

バブルの頃は、お金の勢いで遊ぶ人が多かった。だが、バブルがはじけた後、長年遊び慣れたお客さんも減っていることにも気付き、このままでは花街がさびれてゆくようで、芸妓をしていて心細くなった。宮川町がもっと賑わって欲しいと切に思った。

それには、お茶屋文化、お茶屋遊びを多くの人に知ってもらい、興味を持ってもらうことだ。だが、花街が閉鎖的な世界であるからこそ、守られ、残ってきた事も多い。どうしたら最も良い形で残して行けるだろうかと考えた末、花街の良さを紹介するホームページを立ち上げた。「待ちの姿勢は嫌どす」。自分なりに努力したいと思った武田さんは、大切なのは、〝内側と外側からの人づくり〟だと考えた。若い人を一人でも多く育て、きちんとした舞妓、芸妓として活躍してもらい、お客さんにはこちらから提案して芸やお茶屋遊びの魅力を知ってもらうことが大切だ。そうすれば、相互に理解し、興味を持つことができる。お客さんに、「また遊びに行こう」と思ってもらえるだろうし、芸妓、舞妓にとっては励みになる。そして、平成一〇年（一九九八年）お茶屋兼子方屋[注1]「花傳」を開業した。

若い世代に〝和の文化〟に親しんでもらう機会を提供

若い世代を中心に、和の文化に接する機会がないまま育った人は数多い。まずは、三味線、鳴り物、唄などに親しんでもらい、お茶屋での遊び方や楽しみ方を知ってもらおうと思った。すると、パソコン教室を通じて知り合ったお客さんたちの提案で、『京の花街ネットワーカー後援会』ができた。この後援会により、「新年会」、「衿替え祝賀会」、「お店出し祝賀会」、「京おどり鑑賞会」などが、二ヶ月おきくらいに開催されている。会員は三〇～四〇歳代を中心に、二〇～七〇歳代まで多岐に渡る。さらに、会員の友人知人も参加するなど、輪が広がっている。

花傳に関係のある芸妓・舞妓が主催する「ともゑ会」もある。「宮川町は人数が少ないので、マルチな芸妓さんしかやってゆけへんのどす。お座敷に集められたメンバーが、その時々に合わせて立方《たちかた》にも地方にも、何役にでもなれるようになる事が大切どす。皆で気張って欲しいと思います」。一、踊り　二、三味線・唄　三、鳴り物　の三つが必須で、これらが巴《ともえ》に組み合って、お客さんにより良い芸を披露できるようにとの願いから、「ともゑ会」と名付けた。

芸を通したお客さんと芸舞妓との〝遊び〟の接点が大切

ともゑ会は、芸妓、舞妓が会計、料理屋の手配はもちろん、番組の編成も、すべてを担当する。御祝儀もの、不祝儀もの、カラッと粋なものなど、目が飽きないように工夫する。「あてがわれた芸だけをやるのではのうて、自分たちが主催することによって、主体性や責任感も含め、総合的なおもてなしのノウハウを身に付けて欲しいのどす。そこが重要どす」。お客さんが九〇人以上も集まり、満席になることもあった。

こうした機会を通して、新しいお客さんの中にも「この妓に笛をプレゼントして、お稽古に励んでもらおう」というように、芸に興味を持ってくれる人が出てきた。たくさんの人たちに応援してもらい、「芸を通した〝遊びの接点〟ができたことは、ほんまに嬉しおす」。

武田さんは今、宮川町に入って本当に良かったと感じている。「花街がいちばん好きな場所どす。お茶屋を始めて、舞妓や芸妓になりたい人を応援し、育て、自分も楽しんでいます。〝生きた文化〟とは〝呼吸をする文化〟ということ。その時代の良いものを取り入れながら、不必要になったものを排出していく。その作業を四〇〇年近くもくり返してきて、精製されたものが今の花街文化やと思います。古くて新しい、歴史の奥行きを感じることのできるお遊びとして、これからも成長し続けていって欲しおす」。

注1　宮川町は子方屋（屋方）だけをすることができないため、全ての子方屋（屋方）がお茶屋も兼業している。

舞妓さんに聞きました
おもてなしで気をつけていることは？

一千年の都の歴史と伝統に培われた〝もてなし〟が生きる京都花街。それを支えるのは、おかあさんたちと芸妓さん、舞妓さんだ。

〝和〟の文化が注目される中、若い舞妓さんたちは、どの様に今に生きる花街ならではのもてなしを、受け継ごうと努力しているのだろうか。

お座敷

「見習いの時に、大きいねえさんに教えられたことどす。宴会（お座敷）が始まって、最初の一〇～十五分くらいは、お客さんが大切な取引先を接待したいのか、それとも、友人同士で静かに話をしたいのか、それとも、楽しく騒ぎたいのか……、様子がわかるまで、さりげなくお酌をしたり、それとなく話しかけたりして、場の雰囲気を見ます」。様子を見ながら、お客さんの気持ちを察し、上手にもてなす。日本ならではの気配りではないだろうか。

「お座敷では、うちらの年頃では決して会うことができひんような立派なお人（お客さん）と、お話させてもうてます。お客さんに教えてもろうて、もっと自分を磨きたいと思います」。昔から、お座敷はお給料をもらって勉強できる場所といわれる。お客さんとの会話が勉強になるそうだ。

「見習いの初日、緊張もあって足がしびれて困りました。ねえさんに『きちんとお座りやす』と言われて、恥ずかしおした」。お稽古の時も正座。今では慣れて、長い間座れるようになったと言う。

「お座敷で、お酌しながらねえさんよりも上座へ来てしもうて、困ることがありました。そういう時は、『ねえさん、お高うおす』と声をかけなさいと、別のねえさんが教えてくれはりました」。お客さんばかりでなく、ねえさんたちへの気遣いも大切。昔、「お花をつけたのは僕だ。ねえさんじゃないぞ」と言うお客さんがいたとか。舞妓さんたちは、若い人を育てようとする先輩たちに教えられて、日々、作法を覚えてゆく。

「叱られて、こわいと思っていた大きいねえさんが、お客さんに、『この妓は出たばかりどすけども、毎日気張って稽古したはります。今度、ご飯食べにでも誘っとくれやす』と、言うとくれやした。うちは嫌われているのかと心配だったんどすけど、そうではのうて、気にかけてくれやして、ほんまに嬉しおした」。ねえさんの一言から、お互いに引き立て合い、お客さんとのご縁を作ってゆくことを学んだという。

「お座敷で、『黙っているだけの舞妓ではつまらない』と思わはるお客さんもいはります。皆が同じでは、退屈と違いますやろか。マニュアルにできひんのが、お座敷のおもてなしどす。ねえさんたちを見て学び、出すぎず、自分らしく、個性的になりたいと思います」。見た目だけでなく、内面も魅力的な人になる努力もしている。

ご飯食べ

「屋方で食事する時も、お箸の持ち方をきちんとするようにおかあさんに注意されます。おせんべいは割っていただくなど、綺麗にお食事できるように仕込まれます」。大切なお客さんや地位のある人、外国人、どんな人の前でもきちんと食事できるように、日常生活で仕込まれ、『常が大切』と気をつけている。

「おかあさんから、お客さんにレストランへ連れて行ってもろうても、『自分がお客さんになっては、あかん』と注意されます」。お座敷を離れて、カラオケやレストランへ行くと、店の人がサービスしてくれる。だが、自分がお客さん気分になってはいけない。お客さんをもてなす立場の舞妓であることを、忘れないようにしている。

「カウンターの席に座る時は、ポッチリをカウンターにぶつけないように気をつけます」。美術工芸品のようなポッチリは大切に扱わなくてはならない。衣装もおもてなしのうちである。

「帯や着物にシミをつけないように、お食事の時は特に気をつけます」。シミがついたり、汚れたりすれば、悉皆《しっかい》に出さなければならない。高価な衣装を身につけているから、常に気を配ることで、しぐさも美しくなるという。

「お食事の時は、皆で美味しく、楽しく食べられるように気遣います」。皆が話に夢中になり、料理が冷めてしまいそうな時は、『温かいうちに、いただきましょうか』と声を掛けるなど、配慮するように屋方で仕込まれる。

出張

「ねえさんと〝初のぼり〟さしてもらいました。お客さんに高級レストランへ連れて行ってもろうて、移動はタクシーかハイヤーどす。中学まで暮らしていた東京が、全く別の世界に見えました。恥ずかしくないように、きちんとおもてなしできるよう、自分を磨こうと思います」。一流の店で食事し、歌舞伎を見せてもらい、一〇代の女の子にはとてもできないような〝東京見物〟をさせてもらった。

「出張に慣れない頃は、お化粧道具を持って、ホテルでお化粧するのが大変どしたけども、今は地方へ行くのが楽しみどす。各地の人とお話させてもろうたり、郷土料理をいただいたりします。それでも、京都駅に着くと、『帰ってきた！』というホッとした気持ちになります」。京都に馴染み、家（屋方）へ帰ってくると、落ち着くようになったという。

「地方のデパートなどで舞わせてもらい、同じ年くらいの女の子に『わっ、舞妓さんだ。やっぱり綺麗ね！』と言われると、嬉しおす。それでも、自分は舞妓どす。おもてなしする立場であることを、忘れへんように気をつけます」。同世代に褒められると、嬉しいそうだ。

「地方の役所やテレビ局、新聞社などへ、挨拶回りさしてもらうこともあります。晴れがましおす。京都の舞妓として、きちんと振る舞えるように、おかあさんに仕込まれます」。舞妓さんは今や京都のシンボル。京都ＰＲや親善にも貢献している。若くても公の人として注目されるから、緊張もあるようだ。

「歌舞伎やお芝居に誘ってもろうた時は、お客さんのコートや荷物をまとめてクロークに預けたり、年配のお客さんどしたら『お荷物持ちましょか』など、自然に気配りができるように、気をつけていますﾞ」。わかってはいても、中々言葉や行動に移すことが難しいのが作法だ。自分のことよりも、まずは周囲への気働きを大切にする。

実家で気楽に過ごしてきた中学までの生活とは異なり、おかあさん、ねえさん、朋輩《ほうばい》とのお付き合いや礼儀、お客さんへのおもてなしや心配りなど、仕込みさんや舞妓さんが覚えることや、気遣うことはたくさんある。今の若い女の子たちが、注意され、叱られながらも、熱心に修業を続ける姿は、爽やかである。

京都花街　歴史を作った奥座敷（その3）
『一見さんお断り』が作る　粋な遊びの世界

京都のお茶屋と聞いて、多くの人が思い浮かべるのは『一見さんお断り』という言葉かもしれない。「ずいぶん高飛車ではないか」とか、「だから京都は難しい」と思われるようだが、「どうして『一見さんお断り』なの？」と興味を持たせる念力のある言葉であるのは確かだ。

簡単に言えば、誰もがお茶屋へ入れるわけではなく、紹介者などツテが必要で、身元がはっきりしない人は受け入れないということだ。そして今も昔も、お茶屋も芸舞妓もお座敷のことは決して口外しない不文律がある。これが〝お座敷の機密性〟を守り、第四章に書くように、幕末の志士たちは議論の場にお茶屋を使い、西郷隆盛、大久保利通、高杉晋作、桂小五郎など諸藩を代表する志士たちがお茶屋で、幕府をどうする、長州をどうするという激しい議論に明け暮れた。お座敷の機密性に絶大な信頼を寄せていたのだ。

今の世の中は、どの業界も宣伝熱心。競合他社に負けまいと、声を大にしてＰＲ。ところが京都のお茶屋は、未だに表札が出ている程度で、黒地の「お茶屋」という鑑札は、小さな表札のように掛かっているだけ。格子戸も閉まっているから、中がどうなっているのか想像が付かない。お茶屋へ行った事のない人にとっては、料理屋なのか、旅館なのか、町家なのか、わからないかもしれない。
なぜ今も一見さんお断りなのだろう。それを知ることにより、花街への理解が深まるのではないだろうか。

一見さんお断りの理由

1、お客さんがどんな人かわからないと、きちんとしたおもてなしができない

その場限りで「さいなら!」、そのお客さんがまた来るか来ないか、知りません、というビジネスとは全く異なる。たとえば、お客さんを送り出す挨拶は、「さいなら!」ではなく、「行っといでやす(行ってらっしゃい)」であり、お客さんを迎える挨拶は、馴染み客なら「お帰りやす(おかえりなさい)」である。時間を掛けてお茶屋とお客さんが、信頼関係を深めながら、長いお付き合いをしてゆくのがお茶屋遊びの基本。

実際にお座敷へ行ってみると気付くが、自分が一見さんの場合、誰に案内してもらうかにより、お茶屋のもてなし方も、芸舞妓との会話やお座敷遊びの盛り上がりもかなり違ってくるはずだ。お茶屋と長いお付き合いの馴染み客に案内してもらえば、気心が知れているので、好みのお酒はもちろん、舞やお座敷遊びなども痒いところに手が届くような、行き届いたもてなしを受けるだろう。

お茶屋遊びは、目まぐるしく変化する現代社会のテンポとは趣きを異にしたスローな楽しみであり、

人間関係もお手軽でない。「羽振りの良い時だけ豪遊して、後はさっぱり……」というのはお茶屋の売り上げに貢献したにもかかわらず、好まれないのは、細く長いお付き合いを大切にする世界であればこそといえる。お茶屋の歴史と伝統を今に残すことができたのは、このスローなビジネスの姿勢ではないだろうか。

2、お茶屋は女所帯である

基本的にお茶屋は女将さんの家で、帳場、仏壇、台所などがある生活の場。屋方をかねているお茶屋には、年季の明けてない舞妓や芸妓の部屋があり、いわば女所帯。ここで寝起きし、お稽古に通い、夕方はお座敷へ出かける。その家で酒宴を催すのだから、見ず知らずの人を中へ入れるわけには行かない。酔うと暴力を振るうような危険な人が入ってきたら、女所帯だから大変なことになるし、他のお客さんには迷惑になる。このため、馴染み客とその人が連れて来る人だけを、丁寧にもてなすことになる。

3、支払いがツケである

お茶屋では通常、レストランや喫茶店のように帰り際にレジで支払いはせず、後から請求書が送られてくる。お茶屋は芸舞妓の花代、飲み物代、仕出屋などから取り寄せる料理代、タクシー代など、宴会に掛かった費用すべて、さらに二次会へ流れれば、二次会の費用も立て替える。お茶屋は経験から大体の費用の想像が付くが、お客さんに正確に請求するには、これら諸費用の請求が出揃ってからになる。このため、少なくとも代金の請求ができるまでは、連絡先や居場所がはっきりしない人は困る。

他方では、京都の商習慣の名残りもある。盆と暮れの節季払いがあり、今でも掛取りさんが集金に来て、玄関先でお茶でも飲みながら次の仕事の話をしている光景に出合う。そんな関係にあり、長い間もちつもたれつで商売をしていると、ツケが無くなると相手との縁が切れてしまうような気持ちになるそうだ。確かに次の約束もせずに綺麗さっぱり貸借関係をクリアすると、何だか「立つ鳥跡を濁さず」とばかりに「去ってしまう」気持ちになるかもしれない。人のことを人間と書くのは、〝人と人との間〟を大切にする日本の心の現れだと、お茶屋の女将さんから聞いた。

4、お茶屋の雰囲気と遊ぶ人のプライバシーを守る

パーティーの雰囲気は主催者ではなく、招かれた客が作るといわれるように、お茶屋の雰囲気もお客さんによって作られる。きちんとしたお客さんが集まれば、お茶屋の雰囲気もよくなるといわれる。

また、万一、隣のお座敷に信用できない客がいて、聞き耳を立てて興味本位にあらぬ噂を立てるようなことがあれば一大事。お茶屋の常連客は地位のある人も多いから、そんなことになれば安心してお茶屋遊びができなくなる。女将さんはお客さん同士の揉め事が起きないように、また、プライバシーが保てるように、細心の注意を払う。お座敷に出ている芸舞妓もプロに徹していて口は堅く、昨夜は誰それが「お座敷へ来はった」などとは決して口外しないのである。一見さんお断りが、顧客の大切なプライバシーを守ることにつながり、それがお茶屋遊びの基礎になっていることがわかる。

一見さんお断りの暖簾をくぐるには

では、「どうしたら一見さんを突破して、楽しく、格好よく遊べるか」。まずは信用を買うことだ。

1、最初は友人知人に連れて行ってもらう

友人知人にお茶屋の馴染み客がいれば、まずは彼（彼女）にお座敷へ連れて行ってもらうのが最も良い方法だ。そうして一見さんを突破して、女将さんと馴染みになれれば、自分でお座敷を持つことができる。

2、一流の旅館やホテル、料亭を通して

友人知人にお茶屋の馴染み客がいない場合は、お茶屋とコネクションがあるような京都の旅館やホテル、料亭などから紹介してもらうとよい。この場合もやはり1、と同様に紹介者があなたの人柄や立場を保証することになる。あなたが問題を起こせば紹介者は信用を失墜することになることを忘れずに。お茶屋との関係を何代にも渡って上手に保っている商店は、「仕事でも信用できる」といわれる。

3、おおきに財団に紹介してもらう

1、2、のような紹介者がいない場合は、おおきに財団（正式名称「財団法人京都伝統伎芸振興財団」。五花街の伝統芸能の保持者や後継者を支援しようと、社団法人京都市観光協会と京都花街組合連合会が設立。平成八年財団法人として認可）の会員になって、お茶屋を紹介してもらう方法もある。

お座敷遊び

昔は、お客さんも長唄、小唄、端唄《はうた》、都々逸《どどいつ》、三味線、笛、鼓、舞など邦楽のお稽古をし、芸妓に三味線を弾かせて唄ったり、鼓を打ったり、笛や尺八を吹いたりしたものだった。特に、戦前戦後の頃までは、地位のある人や懐に余裕のある趣味人の教養の一つに、邦楽があった。お座敷へ贔屓の芸妓を呼び、今の言葉にすればコラボしたものだった。日本の伝統伎芸がわかれば、お茶屋遊びは何倍も楽しくなる。

お座敷でお酒も入って興にのると、ユーモラスで気分も盛り上がる遊びをすることもあり、それがいわばお座敷遊びだ。単純な遊びもあるが、中には、歌舞伎などの芸を理解できないとその可笑しさや、〝落ち〟がわからないものや、また、粋人らしく艶っぽい唄もある。

口伝えで伝わっているものなので、花街により遊び方や唄が違う場合があるが、「なるほど、こういうものなのか」、と一端をご理解いただけることと思う。私が実際にお座敷で遊ばせてもらったものや、芸妓さんや旦那衆から聞いたものだけでも、かなりの量になる。

とてもここには挙げきれないが、その一部を書いてみよう。

「いろはのいの字」

〝いろはのいの字はどうかくの？〟、〝こぉしてこぉして、こぉかくの〟と壁に向かって背中を見せて、お尻を動かしてひらがなを一文字書き、何と書いたかを当てる。ちょっと色っぽいポーズになったり、可笑しな格好になったり、皆で笑いながら遊べる。

「金毘羅船々《こんぴらふねふね》」

〝金毘羅船々、追手に帆かけてシュラシュシュシュ、まわれば四国は讃州那珂の郡、象頭山、金毘羅大権現、一度まわれば〟と地方《じかた》のおねえさんが三味線を弾き、それに合わせて遊ぶ。二人が向かい合い、両手をグーの形に握り、その拳を交互に前に進め、後ろに戻す。拳を出し間違えた人が負け。

もう一つの遊び方は、二人が向かい合った間にビールの袴を置いておき、交互に手の平をその上に出しては引っ込める。片方がビールの袴を取ったら、相手は拳を出す。これを間違えた方が負けとなる。三味線がペースを速めたり、ゆるめたり、雰囲気を盛り上げる。

「野球拳《やきゅうけん》」

〝野球するなら、こういう具合にしやしゃんせ。投げたら、こう受けて、ランナ（「旦那」と掛けている）になったらエッサッサ。アウト、セーフ、ヨヨイノヨイ〟と唄に合わせてお客さんと舞妓（または芸妓）がジャンケンをする。負けた方が罰盃《ばっぱい》。外国のお客さんも、面白がってするらしい。

「とらとら」（「和藤内《わとうない》」）

〝和藤内〟とは近松門左衛門の浄瑠璃義太夫節〝国性爺合戦《こくせんやかっせん》〟の主人公のことである。〝国性爺合戦〟は、一七一五年（正徳五年）十一月に大坂竹本座で初演され、翌々年まで十七ヶ月もの長期興行という記録的な大当たりとなった名作だった。

それ以来、人形浄瑠璃や歌舞伎でしばしば上演されている。内容は、明の鄭芝竜《ていしりゅう》が九州の平戸に亡命し、日本女性との間に鄭成功《ていせいこう》をもうけた。彼らが明朝回復に成功した史実を描いたものである。

鄭成功は和人と唐人との子であるため、和でもなく唐でもないという洒落から「和藤内」と名づけられた。和藤内は両親とともに明へ渡り、伊勢大神宮の御札のおかげで猛虎を従えて、虎狩りの兵士を降伏させるという下りがある。このため、和藤内にちなむこの遊びは「とらとら」と呼ばれ親しまれている。

遊び方は、お互いの姿が見えないように二人が衝立てなどを隔てて並び、「千里走るような藪の中を、皆さん覗いてごろうじまんせ、金の鉢巻たすきに、和藤内がエンヤラヤと捕らえし獣は　トラトーラトーラトラ……」と三味線に合わせて唄いながら踊り、唄が終わると、ジャンケンのように、勝敗のポーズを決める。槍を持つポーズは和藤内、杖を持つポーズは和藤内の母親、虎のポーズは虎を意味し、これらがそれぞれグー・チョキ・パーの役目をする。和藤内は虎に勝ち、虎は母親に勝ち、母親は和藤内に勝つのである。

二人はお互いの姿が見えないものの、お座敷にいる人たちの表情を見ると、相手がどれを出しているか(どのポーズをしているか)想像が付いたりする。それが当たっていたり、違っていたり、二人のポーズが面白かったり、皆で楽しめる遊びである。

「夫婦《めおと》拳《けん》」

芸妓または舞妓とお客さんが二人一組で夫婦になって遊ぶ拳。二組でも三組でも楽しめる。各組で、他の組に知られないようにグー・チョキ・パーを出す順序三種類をあらかじめ決める。たとえば、①パー・グー・チー、②グー・グー・パー、③チー・パー・グーなどとする。

「ジャンケンポイ」の掛け声で、両方の夫婦がそれぞれに決めた①〜③の通りに二人で揃って同じ拳を出して行く。普通のジャンケンの通りに勝敗を決め、これでどちらの組が勝つかを競う。それぞれの夫婦は必ず決めた通りの同じ拳を出さなければならず、もし、一方が別の拳を出したら、即刻負け。夫婦は常に気が合っていなければならない、というもの。

「おまわりヨイヤサ」

三味線の音に合わせながら、二人で〝おまわりヨイヤサァ〟と掛け声を掛けて、ジャンケンをする。勝った人が太鼓をドンと叩き、負けた人は一回転し、すぐにまた同じようにジャンケンを続ける。勝ったのに一回転するなど、間違えた方が負け。お酒も入っているから、だんだん目が回ってくる。そんな姿も面白くて、皆で楽しめる。

「迷惑拳《めいわくけん》」

人数は五〜六人以上居ると面白い。お座敷では、お膳にお客さんと芸舞妓が交互に座ることが多いから、そのままで輪になって始められる。親になった人が、「ワン・ツーの十（とお）」、「皆（みな。全員がパーを出すことを意味する）」、「無し（何も出さない。ゼロと数える）」のどれかを言うと同時に、各自が何も出さないか、またはパーを出す。パーは、五と数える。たとえば親が「ワン・ツーの十」と言い、二人がパーを出した場合、合計が十だから「当たり」となり、親の右隣に居る人が罰盃となる。当てた本人ではなく、隣の人が罰を受けるため、迷惑拳という。親は一回ごとに、左回りに順番に変わる。

たとえば、五人で遊びながら、「ワン・ツーの二十五」と言っておいて、自分が何も出さないと、合計が二十五になるはずはなく、そんな場合は言った本人が罰盃となる。二人ではできない遊びだ。

相場拳《そうばけん》

二人（AとB）が向かい合って遊ぶ拳。両手を開いて出せば十、片手は五、何も出さなければゼロと数え、二人の出した拳の合計を当てる。たとえば、Aの「十（とお）」という掛け声とともに、AとBの二人が同時に拳で数字を出し、その拳の合計が十であればAの勝ち。さらにAが続けて数字を言う。二回続けて勝つと勝敗が決まり、負けた人は罰盃。たとえ二回続けて勝っても、同じ数字で勝った場合には勝敗は決まらず、さらにもう一度勝たなければならない。遊ぶ手のしぐさが昔の証券取引場の手の動きを思わせるため、こう呼ばれている。

「麦つんで」

これも輪になって座り、鬼を決める。「麦つんで、小麦つんで……」と歌いながら左手の平に、十円玉（小さな物なら何でも良い）を載せて、右手を重ねて十円玉を隠しながら、順々に隣の人へ回してゆく。または、回さないで自分の手の中に残しておいてもよい。「とめ」の合図で、鬼は皆の顔色や様子を見て、誰の手の中に十円玉があるかを当てる。

他愛ないゲームだが、思わせぶりなポーズや表情が面白く、皆で楽しめる。

「べろべろの神様」

芸舞妓とお客さんが輪になって座り、三味線に合わせて「べろべろの神さんは正直な神様で、おささ（お酒）の方へと赴きゃれ、赴きゃれ」と皆で唄いながら、一人が先をL字型に折った割り箸を目をつぶって両手ですり合わせるようにして回す。唄が終った所で箸を回す手を止める。箸の先が指した人が、罰盃としてお酒を一杯飲む。これが続くと、皆がほろ酔い気分となり、座が盛り上がる。

「石の地蔵さん」

「石の地蔵さんに団子をあげて、どうぞヤヤ子ができますよう。そこで地蔵さんのいうことにゃ、団子じゃいけない餅（持ち）あげろ」とお客さんと芸妓（舞妓）の二人で踊りながら唄う。

「御幣回《ごへいまわ》し」

割箸に細長く切った和紙を挟み、神社でお祓いする御幣に見立てる。皆が輪になって座る。三味線の音に合わせて、御幣を持ってお祓いをして拝む真似をして、それを隣の人に渡す。これを順々に隣へと回してゆく。地方は後ろを向いて三味線を弾き続け、適当なところで止める。その時に御幣を持っている人が負けとなり、罰盃を飲む。

「蒸気や～」

「蒸気や～波の上。汽車　鉄の上。雷さんは雲の上。浦島太郎は亀の上。ネコの色事　屋根の上。私とあなたは床の上」と唄いながら踊り、最初はグー、ジャンケンポンで、負けた人は横になり、勝った人がその上に乗る。

「お若いの～」

「お若いの　遊ばんせ、若いときは長くない、お年寄り　遊ばんせ　早く遊ばな先がない……」という唄に合わせ、「お若いの」と唄う時は、背を伸ばし、「お年寄り」と唄う時は腰をかがめて、皆が輪になって踊る。三味線がだんだん早くなり、せきたてられ、背中を伸ばしたり、屈めたりするのがだんだん間に合わなくなり、腰が痛くなったりしながら、踊る滑稽な姿が面白い。

「ぎっちょんちょん節」

「色気と食い気と貯め気があるときゃ、長生きしたい～ぎっちょんちょん　ぎっちょんちょん……」という面白い唄で楽しむ。これにもたくさんの歌詞があり、踊ることもある。

「さのさ節」

「手を引いて、二人で拝む十五夜の、月の光で顔と顔、満つれば欠くる世のならい　忘れしゃんすな　二世三世」と、お客さんが舞妓の手を引いて現れ、二人は月を拝んで、抱き合う真似をする。

さのさは厚い本になるほどたくさんの唄がある。「踏破る千山乃獄の　書生さんに惚れて　月々仕送る学資金　末は博士か大臣か　国会議員か頼もしや」など、カラオケもない昔は色々な唄を唄って楽しんだ。

「串本節《くしもとぶし》」

「びくを片手に　釣り竿さげて　鯉はつれない　ものかいな　アラ　ヨーイショ　ヨイショ　ヨーイショ　ヨイショ」と唄う。

たとえば、生け花の籠花入をびくに使って、踊るなど、手元にあるものを小道具に見立てて遊ぶと滑稽さが増す。

また「ここは串本　向かいは大島　仲を取り持つ巡航船　アラ　ヨーイショ　ヨイショ……」というのもある。和歌山県の串本の民謡が元になっており、多くの唄がある。

「都々逸《どどいつ》」

「涼しくなったから　ちょっと出ておいで　吊りぼんぼりの灯も消えた」と唄う。「涼しくなったから」でお客さんは団扇を煽ぎながら出てきて、踊りながら団扇で芸妓（または舞妓）を招く。芸妓（または舞妓）が出てきて、二人は団扇で顔を隠して、思わせぶりなポーズをとる。夏の涼しげな唄で、季節を感じさせる。

都々逸も、数え切れないほど多くの唄がある。

第四章 恋・人生・文学

文学、映画など、様々な芸術作品に登場した「京都花街」。
大きいねえさんがうちあけた恋物語、
昔は粋な旦那さんが「いはりましたえ」。
若い舞妓さんが語る
〝好きなお客さん〟とは、どんな人？
幕末の京都に遡り、
明日をも知れぬ男たちと芸妓たちの命をかけた恋。
時代を代表する作家、芸術家が集い、
芸妓たちと深くかかわり、作品を残した明治から昭和初期。
様々なエピソードを探ってみましょう。

「数え年十三歳でお店出し
旦那さんと結婚して幸せな日々」

祇園甲部　元芸妓　加津代さん

祇園町《ぎおんまち》に生まれ、小学四年生で見習いに

大正十四年に祇園町に生まれ、母親が髪結いさんで、幼い頃から、髪を桃割れに結ってもらい、六歳の六月六日から舞の稽古を始めた。母親が絽の振袖や、綺麗な着物をいつも着せてくれて、『路地のお姫様』と呼ばれた。

舞妓にはなりたくなかったのだが、近所の女の子たちが舞妓になる中、自分もやはり舞妓になろうと決心し、小学四年生で見習いとなり、女紅場《にょこうば》へ通った。「昔は、小さい頃から家で作法を仕込まれ、小学校もそこそこに、女紅場へ毎日通ってお稽古したもんどす」。

加津代という名前で舞妓に出てからは、夜中の一時、二時に寝て、翌朝七時半にお稽古へ通う生活。お家元の稽古は厳しく、遅れないように一生懸命に早起きしたものだった。

当時の宴会では、舞の順序が大体決まっていた。最初に衿替して間もない若い芸妓、次に名取の大きい人、最後に舞妓が舞った。何事にも精通していて、芸の稽古をしているお客さんが多かったので、舞う時はいつも緊張した。

谷崎潤一郎、吉井勇、堂本印象らが祇園に集った舞妓の頃

「三井さん、三菱さんをはじめ、芸術家の先生やら、上等なお客さんばっかりどした。面白いお客さんもいはりましたえ」。夜明けまで居続ける人や、車にお酒を積んで祇園町を走り回り、舞妓を見つけては車に乗せてお酌をさせる人など、芸妓や舞妓と存分に楽しむ個性的なお客さんがいた。

「吉井先生（吉井勇）は、静かなお人どした。谷崎先生（谷崎潤一郎）のお家もありましたえ。大友の多佳さんおかあさん（磯田多佳）は、凛として、こわい人どした。佐多さんおかあさん（松本佐多）のお茶屋『杏花』も覚えています」。堂本印象、吉井勇、谷崎潤一郎、橋本関雪など、今は歴史上の人物となった人たちが祇園に遊んだ時代だった。

「『時代祭』の役は、吉川先生がお決めやして、うちは小野小町の役にさせてもうたことがありました」。画家であり風俗研究家として活躍した吉川観方は、時代祭の衣装も手がけていた。

若いお客さんもいた。「大学生さんも来はりました」。当時、新聞を賑わせた大学のラグビー部のエースたちが来ると聞き、「ええとこのぼんばかりやし、格好ええなぁ。うちも一緒に遊びたいなぁ」と思っ

ているという、お座敷へ呼ばれた。ところが、彼らは「酔うと、すぐに肩を触らはるんどす。うちは、触られんのはかなんのどっせ」。美男のラガーとはいえ、何だかがっかりしたと言う。

好きになった旦那さんは「うちに指一本触れへんのどす」

触られるのが嫌だったのを知ってか知らずか、旦那さんになった人は、「最初、手も握らへんし、うちを触りもせえへんのどす。それで、よけいに好きになったんどっせ」。とはいえ、心配になり、「うちが嫌いどすか？」と真剣に聞いた。すると、いつも無口な旦那さんは、「ほんまに好き合うた仲なら、そんなこと、どっちでもええのや」と一言。そして、ようやく一緒に泊まることになったのは、数週間が過ぎた頃、岡崎の某宴会の帰りだった。

綿布屋だった旦那さんは、舞の名取になったら結婚しようと言い、名取になると引かされて結婚した。結婚前は、別嬪で知られた芸妓・照福さんも一緒に、三人でよく遊びに行ったものだった。『なぜ、別嬪の照福さんを、選ばへんかったのやろか？』と前々から不思議に思っていたので、結婚してから聞いてみた。すると、夫となった旦那さんは「美人は嫌いや。三日見たら、飽きんのや」と面と向かって言った。「(うちは)不細工で悪かったなぁ！」と答えたのを思い出す。夫は、「ほんまにうちのことも、子供のことも、大事にしてくれはりました」。お金が足りないと言えばすぐに出してくれたし、息子が欲しいと言えば、フォルクスワーゲンも買い与えた。アイロン掛けをしていると、「東海道本線になるで！」（ズボンに線が入る）と、冗談を言いながら、そんなことしなくてもいいと気遣ってくれた。

夫が保険金をかけて自殺しそうになり間一髪

十五歳年上の夫は、外のことは一切口にしなかった。ある日、暗い部屋で何か書いて、筆を持ったまま、じっと座っていた。様子が変なので、驚いて走り寄り、「どうしたん？何してんねん?!」。すると夫は、「これから金が掛かる。わしが死んだら、生命保険があるんや」と言い、自殺しようとしていた。娘の結婚、息子の同志社大学入学が重なる年だった。ただびっくりして、「やめとくれやす！」と言うなり、知り合いの庵主さんのところへ相談に走った。庵主さんは、「あんたは芸妓に出てはあかん。今は、家庭が大切や」と言い、「返すのえ！」と釘を刺して、お金を貸してくれた。そして急場をしのぎ、夫が九一歳で亡くなるまで、一緒に暮らすことができた。

「結婚して、ほんまに幸せどしたえ。あと一年半で、おとうさんの十三回忌どす。それを無事に済ませるまでは、うちは死んでも死に切れへんのどす。結婚して祇園町を離れましたが、舞妓から芸妓になり、おとうさんに出会った祇園町は思い出がぎょうさんあって、懐かしおす。大好きな場所どす。時代は大きく変わっても、祇園町はずっと続いていって欲しいと思います」。

「女学校を中退して芸妓に
旦那さんが建ててくれた南禅寺界隈の邸宅」

祇園東　元芸妓　つね勇（植村日出子さん）

お茶屋の娘　やはり芸を続けたい

植村さんは、大正十五年にお茶屋「植辰」（昭和六一年まで営業）に生まれた家娘。幼い頃から舞、お囃子《はやし》、常磐津の稽古をしていたが、芸妓に出たくなくて、華頂高等女学校に通っていた。ところが、家がお茶屋で、周囲の友達が芸妓や舞妓に出始めると、やはり自分も芸妓になって芸を続けようと、学校を中退して、昭和十七年、数え年十七歳の三月に芸妓からお店出しした。芸妓だった母親が親しくしていた常菊さんが引いて出てくれた。

贅沢禁止の戦時下にお店出し
兵隊さんを慰問した若い日

戦時中で、贅沢は禁止。紋付も着られず、新しい着物を作るのもご法度。家にある普通の訪問着でお店出しした。舞妓や芸妓になった幼馴染みや小学校の同級生がたくさんいた。お客さんが宮川町や上七軒など他の花街へ連れて行ってくれると、お座敷で、やはり芸妓になった同級生と一緒になり、楽しかった。

カツラを持って、舞鶴や伏見などへ兵隊さんの慰問に行ったこともあった。地方《じかた》のねえさんが三味線を持って行き、「祇園小唄」や「京の四季」を踊り、お饅頭やチョコレートなど、若い女の子が好きそうなお菓子をお土産にもらい、嬉しかった。軍といえば、検番で、海軍が甲板で履く足袋を縫ったことも覚えている。

終戦後　賑わうお座敷で気張る芸妓たち

昭和二〇年八月十五日に終戦。二〇歳の時だった。兵隊さんはまだ復員しないが、五日後の二〇日には、兵隊へ行かなかった人がすぐに遊びに来た。食べ物もない時で、散財して遊ぶのは控えたが、「モンペでお座敷へ出て、『赤いリンゴに唇寄せて

17歳でお店出しした頃
（写真提供：植村日出子）

……』などと唄ったのを覚えています」。進駐軍が遊びに来たのは早かった。「祇園会館がダンスホールになったんどっせ」。ダンス芸妓などと呼ばれる女性も現れた。

昭和二六年頃から、戦後の復興の波に乗り、お座敷も賑わい始め、昭和四〇年頃までは、花街は行き交う人でラッシュアワーのようだった。歩いているのは、お客さんと芸妓たちばかりで、顔馴染みが多く、「あんた、どこ行かはるの？」、「××のお座敷どす」、などと楽しげに声を掛け合ったものだった。若かったからか、「夜中まで、たくさんお酒も飲みましたえ」。お花の売上が毎月検番にはり出され、いつも上位だった。「毎日、気張ったもんどす」。休む間もなかったが、やりがいを感じて、皆が頑張れた時期だった。

常磐津、お囃子などの名取になり、昭和二八年には、NHKの番組で「猩々《しょうじょう》」の小鼓を打った。友達の愛力さんが太鼓《おおかわ》、先輩の里千代さんが太鼓を打ち、一緒に出演できたので思い出深い。現在九七歳の豊治さんは、当時、お囃子、藤間、常磐津の名取で、こわいねえさんだったが、威厳があった。師匠と意見を交換できるような人で、お客さんからも一目置かれていた。

華やかだった祇園祭の「お練」
高尾太夫に扮して行列

祇園祭の神輿洗い（七月一〇日）の日に昭和九年から「お練」があった。当時九歳で、まだお店出し前だったつね勇さんは、小野小町役になった芸妓・末吉さんの裾持ちで出た。当時は芸妓が多くて、お練に出るのは大変で、いい役をもらうのはさらに難しかった。だが、つね勇さんは毎年出た。一番いい役だったのは、昭和二九年の高尾太夫だった。市役所から御池通を通り、祇園さん（八坂神社）まで練り歩いた。暑くて疲れたが、皆が見てくれるので、名前が知れて、認めてもらえるような気がした。

三四歳で芸妓を辞め　旦那さんと南禅寺近くに暮らす

昔はお客さんが長い時間お座敷で過ごした。「今は、二次会でバーやカラオケに流れることが多いどすけども、お座敷で遊ぶ、お茶屋ならではのもてなしも、大切にして欲しいと思います」。楽しかった、と何度もお客さんが通ってくれるようになると、好みの芸妓ができ、芸妓にも好きなお客さんができて、旦那さんになったり、引かさ

高尾太夫姿のつね勇さん（写真提供：植村日出子）

れて結婚したりしたものだった。

つね勇さんは三四歳で芸妓を辞めて、旦那さんが建ててくれた野村別邸（碧雲荘）の近くの家で暮らし始めた。親の代から居たお手伝いさんを連れて行った。近くには店がなくて、お手伝いさんは銀閣寺の方まで買い物に行った。水曜日と土曜日に訪ねて来た旦那さんは『水道屋さん』とあだ名がついた。旦那さんは牛乳、パン、バターが嫌いで、外国旅行は無理。日本の温泉を好み、一緒に各地を旅した。着物を着たつね勇さんが好きで、「いつも、着物を着るように」と言った。山の中の温泉へも着物で高い下駄を履いて、出かけたものだった。「五〇年間一緒どした」と言う旦那さんとの絆は深かった。

つね勇さんは若い頃に芸妓を辞めたものの、引いて出た妹のつね香さんは「繁の家」の家娘でお茶屋を継ぎ、その姉妹筋は今も続いて、つね和さん、つね有さん、つね桃さんがいる。

「今の祇園東は、お茶屋が少なくなり、昔の良さが消えてしもうて、もったいないことどす。別嬪《べっぴん》で、芸もできはる若い芸妓さん、舞妓さんは、今もいはりまっせ。昔を知る者としては、少しでも町に活気が出て、皆が気張れるようになって欲しいと思います」。

舞妓さんに聞きました　好きなお客さんとは、どんな人？

この章の最後に書くように、京都花街には、政治家、文人墨客、様々な立場の人が集い、芸妓たちと深くかかわった。戦前は、旦那さんと一生を共にする芸妓さんも居た。今も、舞妓さんや芸妓さんが、引き祝いをして結婚するという恋物語がある。

この章では現役の舞妓さんに、好かれるお客さんとはどんな人か、また、お座敷やご飯食べで、嬉しかったことなどを語ってもらった。

好きなお客さん

「毎年必ず春の踊りへ来とくれやして、ささやかでもお座敷を持っとくれやすお客さんは、細く長く、うちらを見守ってくれやして、ほんまに嬉しおす。そういうお客さんは、ねえさんたちにも好かれます」。打ち上げ花火的に、派手に遊んで、あとはサッパリお付き合いがなくなる、というのは好まれない。お客さんとしては、自分の甲斐性を知り、長いお付き合いをして行くことが大切なようだ。

「どんなお客さんにも、楽しんでもらえるよう、うちらが努力せなあかんのどすけれども……。『好きなお客さんどすか?』、ほっこりさせてくれはるようなお客さんどすやろか。内輪のような気がして、嬉しおす」。一緒に楽しみ、寛いでくれるお客さんは好まれるようだ。

「上手にコミュニケーションをとってくれはるお客さんのお座敷は、盛り上がります。『楽しかった』と言うとくれやす時が、一番嬉しおす」。理解し合えると、会話も楽しいし、お客さんと打ち解けることができるそうだ。

「舞や舞台など、芸について興味を持ってくれはるお客さんのお座敷は、励みになります」。昔は、芸に詳しいお客さんがたくさんいて緊張したというが、今は、褒めてくれるやさしいお客さんが多いという。毎日稽古に励む舞妓さんとしては、芸に関してアドヴァイスしてくれたり、一緒に考えてくれるお客さんがいると共感を持つことができて、やりがいが出るし、話も弾む。

「うちらは着物に関心があります。おかあさんも、一生懸命に支度してくれはります。着物と帯の合わせ方が良いとか、もう少しこうしたら方が良くなる、などと話題にしとくれやすお客さんとは、お話させてもらうのも楽しみどす」。舞妓さんの雅な衣装もおもてなしの一つ。お客さんの側も、衣装の美に関心を持つと、お座敷もさらに楽しめるのではないだろうか。

「舞台をいつも見に来とくれやすと、ほんまに嬉しおす。お稽古にも張り合いが出ます」。お客さんに興味をもってもらえれば、芸の稽古もやりがいがある。

「作法や礼儀など、至らないところを教えとくれやすお客さんは、大切にしたいと思います」。そんな素直な舞妓もいる。

「和気藹々《あいあい》と、お座敷を楽しめるお客さんどす」。お花をつけたのだからと、一方的にサービスを期待せず、お客さんも一緒に楽しく遊べば、『また呼んで欲しい』と舞妓さんも思うはず。

「急かさず、ゆったりと遊んでくれはるお客さんどす」。早く来い、とばかりに急かせたり、威張ったりするのは、舞妓さんにもねえさんにも、好まれないのは確か。

お客さんがしてくれた、嬉しかったこと

「うちが見たいと思っていたミュージカルへ、連れて行ってもろうた時どす。一緒に良い時を過ごさせてもらいました」。お互いに相手の興味を知り、それに合ったことをしてあげれば喜ばれ、好かれるのは舞妓さんに限らない。

「初めて舞台に出させてもろうた時に、楽屋お見舞いが届き、びっくりしました。『うちのことを覚えていてくれはった』と思うと、ほんまに嬉しおした」。その舞妓さんは、思いがけない楽屋お見舞いに感激し、やる気が出で、それ以来、お稽古するのが楽しくなったという。

「うちが出させてもらう舞台に出てくるお寺へ、連れて行ってもろうた時は、勉強になりました」。京都のお寺だが、その舞妓さんは行った事がなかった。実際に訪ねてみて参考になり、稽古にもやりがいが出たという。

「ねえさんのお客さんが、『今度出た妹も』と言うとくれやして、一緒に歌舞伎を観に、お供させてもうた時どす。初めて大阪へ行き、楽しい時どした」。京都以外へ出るのは、興味深いし、気分転換にもなるという。

「出張の後、お花をつけて『お遊び』させてもうた時どす。ねえさんと東京見物さしてもらいました。関西出身なので、東京を自由に歩いたのは初めてどした」。舞妓になって、色々なことを見聞するチャンスがあり、ありがたいという。

お客さんとしては、舞妓さんに好かれて、もてなされ、良い時を過ごしたいものだ。長いお付き合いを大切にするのが花街。コミュニケーションを上手にとり、お互いに気心が知れるようになれば、良い関係が末長く続く。お茶屋遊びも楽しくなることだろう。

京都花街　歴史を作った奥座敷（その4）
幕末の京都花街　明日をも知れぬ男たちと芸妓の恋

幕末の京都花街、こう聞いただけで、ドラマティックなイメージが湧くのではないだろうか。〝維新の原動力は、花街にあり〟といわれるほど、大きな役割を果たした。維新の志士たちに深くかかわった芸妓たち。当時のロマンス、エピソードを見てみよう。

佐幕派と勤王派の志士たち

激動の幕末。京都では佐幕派と勤王派の志士たちが、血で血を洗う激しい争いを繰り返していた。彼らは祇園や先斗町《ぽんとちょう》、三本木などの花街に親しみ、遊び、次第にそこを根城とするようになった。

お座敷のことは一切口外しないのが花街の掟。その機密性に絶大な信頼を寄せた諸藩を代表する志士たちはお茶屋で、幕府をどうする、長州をどうするという激論を交わし、密談した。暗殺がいつどこで行われるかという物騒な情報まで飛び交い、志士たちをもてなす芸妓たちは、歴史の行方を左右しかねない情報を知るに至り、争いに巻き込まれたり、命を狙われたこともあった。

明日をも知れぬ濁流の中で、死をも覚悟した男たちと、捨て身で彼らを支えた芸妓たち。歴史に〝もしも〝はないとはいえ、花街の存在が無かったら、日本の歴史は少なからず変わっていたのではないだろうか。

井上聞多の命を救った芸妓〝君尾〟の鏡

君尾（一八四三～一九一八年）は「島村屋」から店出しした祇園の芸妓。お茶屋「魚品」（当時は縄手にあり、後に切通しに移り、今は残っていない）を贔屓にしていた高杉晋作（一八三九～一八六七年）のお座敷で、君尾は井上聞多（一八三六～一九一五年　後の元老・井上馨）と出合った。当時の井上はケチで我が強く〝雷おやじ〟と呼ばれ、余りモテなかったというが、二人は親しくなった。

文久三年（一八六三年）、井上が伊藤俊輔（一八四一～一九〇九年　後の博文）等と英国へ密航する際、君尾は「鏡は女の魂どす。うちと思うて、肌身離さず持っといとくれやす」と餞別に鏡を贈った。井上にも健気なところがあったのか、その鏡を懐中に入れていた。元治元年（一八六四年）、御前会議で井上は俗論派を血気盛んに攻撃し、さらに見聞してきたばかりの海外事情を含め、幕府の命数は長くないと喝破した。その帰り道、袖解橋（現在の山口市内）で、俗論党の刺客に四方八方から切りかかられ、血潮に紛れて溝に落ちた。一人の侍が、動けなくなった井上めがけて止めの一刺し……。ところが、奇しくもその刃を君尾の鏡が受け止め、井上は救われた。「運も実力のうち」という言葉があるが、いつの時代も人の運命は不思議なものだ。この時、もし井上が亡くなっていたら、維新後の日本の外交、内政の建て直しは誰の手により、どのように行われたのだろうかと、想像してみたくなる。

箱屋に化けた桂を張り飛ばした君尾

君尾は、西郷、大久保とともに「維新の三傑」とされる桂小五郎（一八三三〜一八七七年　後の木戸孝允）を救ったこともあった。新撰組の密談を盗み聴こうと、桂は箱屋に化けて祇園の料理屋へ侵入し、聞き耳を立てていた。その気配を感じた近藤勇が「貴様、何者だ！」と障子を開け、桂を切り捨てようとした時、君尾が通りかかった。すべてを察した彼女は、「この愚図。こんなとこで、何してんの！」と、お茶屋の若い衆を叱り付けるかのように桂を張り飛ばした。君尾の剣幕を目の当たりにした近藤は、『まさか祇園の芸妓が桂を殴るはずはない』と君尾の〝芝居〟を信じ、桂の命は救われた。客の様子や場の雰囲気をすばやく読み取り、とっさに機転を利かせるところは、まさに芸妓である。

君尾自身が命の危険にさらされたこともあった。佐幕派のお座敷へも呼ばれていた彼女は、長州藩から幕府の要人の暗殺に一役買って欲しいと頼まれた。それを嗅ぎつけた新撰組は君尾をつけねらい、土方歳三（一八三五〜一八六九年　新撰組副長）に壬生《みぶ》屯所へ連行された。客のこと、お座敷でのことは一切口にしないのが芸妓。『拷問にかけられても口は割らない』と、彼女は死を覚悟した。するとそこへ、近藤勇が現れ、「その女は勤王芸妓の君尾だ。お前らが拷問しても泥は吐かぬぞ」と一喝。近藤は、新撰組は女子供を殺さないと言い、君尾を解放した。料亭「明保野」（産寧坂の手前にある）へ新撰組が討ち入った際も、君尾は桂小五郎や品川弥二郎（一八四三〜一九〇〇年）を逃したかどで、土方等に拷問にかけられたが、再度近藤勇に助けられた。

近藤はお座敷で君尾を口説いたことがあったが、「勤王派になるのなら、あなたのものになりましょう」と君尾はさらりとかわしたという。近藤は君尾の気丈で、男よりも腹が据わったところを知っていたのだろう。

後に君尾は品川弥二郎と深い仲になる。長州藩が淀川から八幡へ入った時、八幡の幕吏が長州の船を通さなかった。そこへ若い品川が「私が交渉しましょう」と名乗り出て、通行を許可させた。彼の機転と勇気に惚れ込んでいた君尾は、久坂玄瑞が自刃した騒動の後、品川を家に匿《かくま》った。明治維新に流行った「宮さん宮さんお馬の前にヒラヒラするのはなんじゃいな　トコトンヤレ……」という「都風流トコトンヤレ節」は品川が作詞し、君尾が作曲したと伝えられる。

品川は坂本龍馬の薩長連合のために活躍し、明治には維新の功臣としてたくさんの要職についた。君尾が品川との間にもうけた子供は、後に祇園町の役員となった。七四歳で波乱万丈の生涯を閉じた君尾は、京都市左京区にある超勝寺に眠っている。

桂小五郎に握り飯を届けた幾松

桂小五郎を物心両面で支え続けたのは、三本木の芸妓・幾松（一八四三〜一八八六年）だった。若狭に生まれ、九歳で京都へ出た彼女は、「吉田屋」の芸妓となった。十八歳の時、幕府を倒して新しい国を作ろう、という信念に燃えた二八歳の桂と出合った。当時、名もない侍だった桂は幾松を気に入り、無理してお金を使い、彼女の旦那と張り合って刀を抜いたこともあった。剣の名人と言われながら、危険な目にあっても決して刀は抜かないといわれた桂が、自分のために刀を抜いたと知った幾松は驚くと同時に、桂に関心を持った。

新撰組の近藤たちが「桂を出せ！」と居場所を問い詰めた時、幾松は舞を舞ってその場を繕い、桂を床下の抜け穴から鴨川へ逃がした。三本木、祇園、先斗町は鴨川が近い。先斗町には〝通り抜け〟（木屋町へ抜ける細い路地で、今もある）がある。身を晦ますには好都合な場所であった。

文久二年以降は花街周辺で暗殺事件が続き、三条河原で晒し首にされた。その薄気味悪さに京都じゅうが騒然とした。元治元年（一八六四年）の「禁門の変」は、京の町を半分焼き尽くし、長州藩は破れ、幕府側に徹底的に弾圧されることになった。

桂は物乞いに身をやつし、三条大橋の下に隠れた。幾松は顔をすすで汚し、危険を承知で、宵闇に紛れて橋の上から桂に握り飯を渡した。桂は飢えをしのいだばかりか、様々な情報を知りえる立場にある幾松が見方であることを、どれほど心強く思っただろうか。

先斗町から木屋町へ
抜ける路地

やがて長州藩の藩邸が焼き払われ、桂は京都を追われ、長い潜伏生活を強いられた。追っ手の影に怯えながらの緊張の日々。だが桂には運命を共にする幾松がいた。維新後、桂は木戸孝允と名を改め、幾松と正式に結婚した。木戸は明治政府の重鎮として、廃藩置県、版籍奉還に尽力し、新しい日本、近代日本の礎をつくった。

海のものとも、山のものともつかない一人の若い侍がそれほど出世するとは、十八歳の幾松には想像も付かなかったに違いない。それでも、命を張って桂を支えたのはなぜか。

動乱の中で前へ進むしかない切羽詰まった志士たちと、貧しい生まれで、他に生きる所はなかった当時の芸妓たち。同じような境遇に、通い合う心があったのではないだろうか。

太った女性を好み二人の豚姫を愛した西郷

お座敷で無邪気に遊んだといわれるのは、西郷隆盛（一八二八〜一八七七年）だ。彼は相撲甚句が上手で、巨漢だったが、酒に酔って大声を出すでもなく、威張るでもなく、むしろ静かだったという。西郷は別嬪芸妓には目もくれず、お茶屋「井筒屋」の仲居、お末を好んだ。彼女は二十貫目（七五キロ）もあり、豚のように太っていたので、〝豚姫〟と呼ばれた。お座敷で、「今夜は俺の言うことを聞け！」とお末を追いかけ回した。太った二人がドシドシ足音を立てながらお座敷を走り回る様は、ユーモラスだったろう。そして、お末が押し入れに逃げこむと、西郷は「出てくるまで、梃でも動かん」と座り込むものの、あっさりと「今夜は俺の負けや」と屈託なく席へ戻ったといわれる。

後にお末は、あの人が「日本一偉いお人とは（想像も付かなかった）……」と感慨深げに語り、君尾は西郷を、「気の張らない、遊び好きのお人」と評した。

西郷はもう一人、やはり豚姫と呼ばれた仲居を贔屓にしていた。「奈良富」のお虎で、お末よりさらに巨体で、顔立ちも不細工だったという。だが、姿に似合わず心優しかったようだ。西郷は「お虎と寝ている時が、一番安心だ」と公言したという。屈託なく見えた西郷も、実は心が休まらず、どっしりと太ったお虎に束の間の安らぎを求めたのではないか。

西郷が官軍参謀として徳川慶喜追討へ出発する時、お虎は大津まで付いて来て、巨体を揺らせてポロポロ涙を流し、西郷にピッタリと寄り添っていた。そんな彼女の心ばえも西郷には好ましく、後の身の振り方の足しにするようにと、当時としては大金だった三〇両をお虎に渡したという。お虎は悲しさのあまり亡くなったともいわれ、消息は不明だ。西郷の人情味とお虎の純情が伝わってくる。二人の物語は、大正六年（一九一七年）有楽座で初演された池田大伍作の新作歌舞伎「西郷と豚姫」で知られる。

幕末から近代日本を生み出した明治維新に至る激動の時代。大志を抱き、豪胆に生きた志士たちを、体を張って支えた花街の女性たち。彼女たちが果たした役割は、様々な面で我々の想像を遥かに超えて大きかったに違いない。

京都花街　歴史を作った奥座敷（その5）
明治・大正・昭和　文学の生まれ出る花街

文学、映画など、様々な芸術作品に登場した京都花街。日清・日露戦争に勝利を収めた後、大正から昭和にかけては、町にはモダンガール、モダンボーイが現れ、花街には作家、芸術家など新たな文化のにない手が集った。さらに、学生、書生も、期待される将来の知識人として、花街とかかわった。才能のある人たちが花街を訪れ、芸妓たちとかかわり合いながら、インスピレーションを得て、どのような作品を残したのか、さらに、芸妓たちとのエピソードやロマンスもひもとく。

京大生は先物買い　ノーベル賞が日本一多い京都

明治、大正から戦前の頃までは、学生たちが評価され、「学士様なら娘をやろか」といわれるほどで、〝学士様〟は町家でも接待されるほどだったという。

花街では「京大生は先物買い」と言われ、お小遣い程度で遊ばせてもらったとか。さて「出世払いはいかに？」というと、こんな話がある。お付きを何人も連れて、花街に警備が出るほどに出世した〝往年の学士様〟が昔馴染みのお茶屋へ現れた。帰り際に、「ところで、あんたさんの出世はいつどす？」

と女将さんに聞かれ、何のことだろうかと思ったものの、「ああ、そういえば昔、出世払いといって遊ばせてもらった」と、その〝出世したお人〟は、すぐにそれなりのお支払いをしたという。

また、年配の芸妓さんや女将さんから、「出世払いとは言うても、お互いに忘れてしもうたんと、違いまっしゃろか」とも聞いた。

いずれにしても、『いつか贔屓にしてくれれば嬉しい』という、長期的視野や、学問する人を育てようとするおおらかな気持ちが花街にはあった。逆に言えば、すぐに結果が要求される現代社会のテンポでは、地に足をつけて、人物を育てたり、文化を育成することは難しいのかもしれない。

たとえば、『「いき」の構造』の九鬼周蔵《くきしゅうぞう》は学生を引き連れて祇園甲部に遊んだといわれ、一九四九年に日本人として初めてノーベル物理学賞を受賞した湯川秀樹も祇園甲部の馴染み客だったという。一見さんお断りのお茶屋のサロン風な雰囲気が、並みの考えを超越した新しいアイデアを生むきっかけとなったのかもしれない。お座敷では、建前よりも本音、常識的に考える必要を感じさせない気楽さがあったのではないだろうか。かくして〝京都学派〟は一人で篭ることなく、お茶屋で交流し、情報交換のチャンスがあったのだと思う。

かなり前になるが、ノーベル賞受賞者はなぜ京都大学出身者が多いのかと話題になったことがあったが、東京の象牙の塔とは対照的なサロン風なお座敷や、先に述べたような京都という土地柄が、陰で一役買っていたのではないだろうか。

サロンが学問や芸術育成に功を奏した例はヨーロッパにもある。ルイ十五世の寵姫ポンパトゥール夫人（一七二一～一七六四年）は、文学や芸術はもちろん、啓蒙思想にも関心を寄せ、ディトロとダランベールが編纂した『百科全書』にも保護と支援を惜しまなかった。啓蒙思想は当時、ヨーロッパの庭園文化や工芸品、建築などの貴族文化に多大な影響を与えた。貴族が作るサロンで交流し、学問や芸術を開花させた例は、ルネッサンス期のフィレンツェや、ベートーヴェン、ハイドン、モーツァルトなどウィーン楽派を育てたウィーンやブダペストなど、ヨーロッパの文化都市が挙げられる。

では、文化都市京都に、どんな文士たちがお茶屋に集い、どのような作品を著したのか、見てみよう。

祇園が育てた総理大臣

書生という言葉は、今では死語になったが、明治・大正時代の京都では「書生書生と軽蔑するな、大臣参議も元書生」というはやり唄があった。書生に肩入れする明治維新からの伝統が生きており、書生といえばお金もないのに結構モテたといわれる時代だった。

秀才で公爵家の出身、おまけに美男子の誉れ高かった近衛文麿（一八九一～一九四五年、三四、三八、三九代内閣総理大臣）は、東大文科哲学科から京大法科へ転入した。当時『貧乏物語』を著した河上肇に憧れ、その講義を聴こうとしたためといわれる。公爵が貧乏物語の著者に憧れるとは、興味深い。近衛はどこへ遊びに行ってもモテて、彼が一緒だと日頃はモテるはずの学生たちでさえも、目立たず、芸妓たちに見向きもされなかったといわれる。

　そんな中、近衛は文学的な才能を発揮した。大正二年に京大文科の草田杜太郎（菊池寛）の「ヒヤシンス・ハルヴェイ誤訳早見表」や、東大文科の学生柳川隆之介（芥川龍之介）の訳詩「春の心臓」、京大法科の井川恭（恒藤恭）の「海への騎者」と並び、近衛はオスカー・ワイルドの「社会主義論（社会主義下の人間の魂）」の訳文を発表し、新思想の持ち主と注目されたこともあった。しかし、政界へ入り、内閣総理大臣にまでなったものの、敗戦を迎え、GHQからの逮捕令を聞いて、A級戦犯として裁判（後の極東国際軍事裁判＝東京裁判）にかけられることを知り、巣鴨拘置所への出頭日の前夜、自宅で青酸カリをあおって自殺した。

　彼が落籍させた芸妓は藤喜久。近衛とは「みられ」で出合ったと、彼女は昭和四二年四月号「婦人公論」に書いている。藤喜久は、近衛が京大を出てから、大正八年、第一次世界大戦の講和会議に、全権・西園寺公望に随伴してパリへ行くまでの間、東京の雑司が谷に囲われていた。留守中に生まれた子供と共に、彼女は祇園町へ戻り、再び芸妓となった。近衛が亡くなった後、近衛家が大徳寺へお墓参りに来た際、藤喜久はお斎供養のお酌に呼ばれ、彼の未亡人から「お互いに苦労しましたね」と声を掛けられたという。

　〝書生さん〟は、お金があっても無くても大切にされ、書生仲間は、個人的な家柄や立場に縛られることなく、自由に花街で遊び、交流し、意見を交わした様子が想像できる。そんな風潮が、大人物を育てたのではないだろうか。

文壇の華となった芸妓・磯田多佳
吉井勇、谷崎潤一郎、夏目漱石との交友

文士、芸術家と交友関係が広く、サロン風な雰囲気を作った芸妓に磯田多佳（一八七九〜一九四五年）がいる。吉井勇、谷崎潤一郎、夏目漱石、長田幹彦など多くの文士たちと交流があり、自らも文才を発揮した。別嬪ではなかったものの魅力があったようで、華やかな舞よりも三味線を好み、弾き始めると周囲のお座敷の客たちが鳴りをひそめて聴き入った、といわれる。

和歌、俳句はもちろん絵画にも造詣が深く、明治四三年「新小説」に、豊竹呂昇（女義太夫の有名人）、富田屋八千代（大阪一の名妓といわれた）、上村松園（日本画家）らに伍して、「代表的婦人」に選ばれ、文人たちに知られるようになった。

多佳の母親とも は元芸妓で、父親は縄手通で手習いの塾を開いていた元舞鶴藩士の磯田喜間太《きまた》。彼女は父親譲りの文才があったといわれ、当時人気があった尾崎紅葉の作品を好み、すべて読みこなし、文芸芸妓と呼ばれた。

吉井勇（一八八六〜一九六〇年　東京芝高輪に生まれた伯爵吉井幸蔵の次男）が、

かにかくに祇園は恋し寝る時も枕の下を水の流るる

（「祇園双紙」「酒ほがひ」『吉井勇全集　第一巻　歌集一』所収）

と詠んだお茶屋「大友《だいとも》」は、多佳の母親が開いたお茶屋だった。多佳は明治四二年（一九〇九年）、三〇歳で母親の後を継ぎ、女将となった。「大友」は祇園白川沿いにあり、川の上に張り出すように部屋が突き出ており、吉井はそこに泊まり、枕の下を白川が流れる情景を詠んだ。

今は「大友」はなくなったが、吉井勇のかにかくにの歌碑が建っており、彼を偲ぶ「かにかくに祭」（毎年十一月八日）が、道路を挟んだ向かいの元お茶屋で行われる。芸舞妓によるお茶席が設けられ、お蕎麦の接待がある。

さて、「大友」には吉井勇、夏目漱石、谷崎潤一郎、高浜虚子などの文学者、洋画家の浅井忠、藤田嗣治、日本画家の横山大観、竹内栖鳳など様々な芸術家が訪れ、交流の場所となった。

吉井勇は初めて手にした原稿料十円を持って大友へ遊びに来て、翌月に祇園の歌を「スバル」に発表し、突如、祇園歌人として注目を集めた。その時の歌の一つが、大友の第一印象を素直に詠んだ「かにかくに……」だった。吉井は昭和十三年（一九三九年）、に左京区北白川に移り住み、祇園を愛し、二〇年余

かにかくに祭

りの間に、『祇園双紙』、『祇園歌集』、『不夜庵物語』、『恋愛名歌物語』など、様々な作品を残した。

歌集『祇園双紙』には、

　京に来て菩提心持つ子となりぬ鐘の音にも涙こぼるる
　宵の口ただひとときの逢瀬だにうれしきものか京に来ぬれば
　秋さむし金のこぼるる舞扇ダラリの帯のうしろつき

などが載っている。

吉井は谷崎潤一郎と同年で、東京府立一中で学んだ仲。二人は多佳との出会いから縁を持ち、都をどりが戦後に復活した昭和二五年の興行には、二人で都をどりの台本を書き、吉井はこれを皮切りに、「色競恋絵姿」、「舞姿忠臣蔵」、「謡曲六佳撰」と台本を書き続け、昭和三六年の八八回「京舞扇八景」が絶筆となった。

昭和二八年（一九五三年）第八十回都をどりの後の祝宴には、松本佐多のお茶屋「杏花」に、吉井、谷崎、四世井上八千代、佐多、伝統芸能を支援していた武智鉄二、祇園甲部の取締・中島勝蔵が集まった。お茶屋が文士や著名人たちの出合いを作ったと言っても、過言ではなかった。

吉井は都をどりや舞について、次のように詠んでいる。

　京に来てかかる舞あることを知りわが世幸あるものと思ひぬ
　あでやかに君がつかへる扇より祇園月夜となりにけらしな

ただひとり都踊りの楽屋より抜け出で来し君をこそ思へ

にぎやかに都踊りの幕下りしのちの寂しさ誰にかたらむ

舞、都をどりの情緒や芸妓への思いが感じられる。

夏目漱石（一八六七～一九一六年）も多佳を気に入った一人。大正四年（一九一五年）三月に〝木屋町に宿をとりて川向のお多佳さんに〟という前書きを付け、「春の川を隔てゝ男女哉」という句を詠んだ。京都で木屋町の大嘉に泊り、二〇日に多佳と初めて会った漱石は、彼女と心が通い合い、すっかり気に入った様子だったという。多才な多佳と話がはずんだのだろう。漱石は四八歳、多佳は三六歳。北野へ梅見に行こうと約束したものの、多佳にすっぽかされたと思い、漱石は「やはり、くろうと女なのか」と腹を立てたが、多佳が謝ると、「君が二日も訪ねてくれないから、寂しさの余り胃が痛む」と返事をし、本当に胃痛を起こしたという。出会ってからずっと、漱石が多佳のことばかりを考えていたことがよく分かる。彼は二夜、祇園のお茶屋に泊り、京都から去った後も多佳に「あなたとはくろうと向きの軽薄なつきあいはしたくない」と書き送った。

『青春物語』（昭和八年刊）の中で谷崎は多佳について、「……小柄な肉付きのいい、利口そうな眼をした色の黒い人で、白粉気のない地味なつくりをしていたから、実際より老けて見えたかもしれないが、三〇を少し越えたくらいの年増と思へた。……彼女の一中節を聞いた……」と書いている。この作品は谷崎が一歳年下の長田幹彦と京都で交友を深め、明治四五年の四月から六月にかけて京洛の遊びを楽しんだ思い出を綴ったものだ。

昭和二〇年（一九四五年）五月に多佳が亡くなった際、谷崎は「磯田多佳女のこと」に〝私は、明治の末期以来多くの文人墨客が多佳女との交わりを求めて集ったのが此の水のほとりであることを思ひ、……新橋の上と、巽橋の上で、又暫く低個顧望しながら水の音を聴いた〟と書いている。

多くの文士や芸術家の出合いの場となり、それぞれが啓発しあって祇園をテーマに作品を残した。今も「大友」があったあたりの白川は透明な水が流れ、多佳や漱石、谷崎や吉井が行き交った祇園町は、観光客で賑わう。（ここ祇園新橋界隈は、京都市により昭和五一年に、伝統的建造物群保存地区に指定された。）

長田幹彦、水上勉、川端康成の文学作品に登場する花街の情景

次に、文学や唄に描かれた花街を見てみよう。長田幹彦（一八八七〜一九六四年）作詞、佐々紅華作曲の「祇園小唄」はあまりに有名だ。祇園の情景を描き、昭和の初めから歌い継がれ、今も、祇園ばかりでなく五花街の舞妓が舞う人気の曲だ。

月は朧に東山　かすむ夜毎のかゞり火に　夢もいざよふべにざくら　しのぶ思ひを振袖に
　祇園恋ひしやだらりの帯よ
夏は河原の夕涼み　白い襟足ぼんぼりに　かくす涙の口紅も　燃えて身を焼く大文字
　祇園恋ひしやだらりの帯よ

鴨の河原の水痩せて　咽ぶ瀬音に鐘の声　枯れた柳に秋風が　泣くよ今宵も夜もすがら
　祇園恋ひしやだらりの帯よ
雪はしとしとまる窓に　つもる逢瀬のさしむかひ　灯影冷たく小夜更けて　傘※に浮名の川千鳥
　祇園恋ひしやだらりの帯よ
（祇園甲部・お茶屋「吉うた」所蔵、長田幹彦自筆原稿（昭和三年）による）

＊映画「祇園小唄絵日傘」（昭和五年）の主題歌になる時に長田幹彦が「もやい枕」とし、現在もそのように唄われている。

この唄を彫った歌碑が円山公園の円山公園瓢箪池西北角にある。長田幹彦は「夜櫻」（『祇園小唄』所収　千代田書院）の中で、「世の中に名櫻の数も多いが、この枝垂櫻ほどさまざまの美しい容姿を具備している枝振りはまたとあるまい」と評し、「都をどりへゆく人、夜櫻へゆく人の群は更けゆく夜とともに刻一刻にその数を増してゆくのである」と、円山公園の枝垂れ桜と都をどりを描いている。

彼の「祇園」（大衆文学大系二〇『祇園夜話』所収、講談社）には、先斗町の様子が情緒的に描かれている。

〃……南側には高い家々が厭し被ぶさるやうに軒を並べて、近松の心中ものゝ舞台面でみるやうな同じ構への門口には見馴れぬ家號をしるした小行燈が懸け連ねてある「三栄」「丸為」「大柳」といつたやうなその行燈の列は何処までいつても盡きないやうに遠く遠く連なつてゐる。ほの暗い霞に包まれたやうなその灯影には、藝妓らしい島田の女が、端折つた裾から赤い長襦袢をみせながら、三味線箱を女の子に持たせて小走りに往き通つてゐる。

……ふッと耳をとめて聞くと、何処か遠くで太鼓を入れた賑やかな絃歌のさんざめきが、幾箇所となく聞こえてゐる。

私はその美しさに魅せられて、

「此処は何といふ処です?」と大きな聲で問ひかけた。桂井氏は薄笑ひを洩らしながら

「此処が所謂先斗町です。」

「はゝあ、此処がね。なるほどこりゃ実にいい処だ……」〃、とある。

先斗町は車が入れない路地で、観光客が去った夜中に歩くと、この描写のような情緒を感じる。木屋町に抜ける細い通り抜けがあり、幕末の頃、この通り抜けは追っての目をくらませようとした志士たちの雲隠れに使われたといわれる。

長田幹彦は「鴨川」にも、先斗町と鴨川をどりを描いている。

〃……鴨川の夏景色ほど心憎いものはない。……先斗町の鴨川踊がすんで、夜毎に河瀬に映る千鳥模様のやさしい紅提灯が消えてしまふと、間もなく上は二條橋から下は遠く松原、五条の河しもまで、岸の家々には縁先から清い水の流れる河原へ床が懸けられる。……〃今も観光客に人気の初夏の床と爽やかな鴨川の情景だ。

「薄雪」には雑魚寝《じゃこね》の愛らしくあどけない祇園の舞妓と冬の夜の風情が描かれている。〃……引き留められるまゝにその夜は白川ぞひの茶屋の奥座敷で、他愛もない雑魚寝の夢を結ぶことになつた。お

ほかたの舞妓は遊びに疲れて私達よりさきに臥床へ入つてしまつた。隣の廣間に敷き竝べた扇模様の夜のものゝ間には人形のやうな小さな寝姿が幾つとなくみえて、ほの暗い有明の光は京風に結つた髷や、無邪氣な寝顔を繪のやうに照し出してゐる。空をどよもす風は時折ことことと雨戸を鳴らして、その合間々々に白川の水音がいつもより性急に咽んでゐる。すべてが冬の夜のしつくりした情趣に溶けて、夜はいつともなくしんしんと更けまさつてゆくのである。……〟（出典は「夜櫻」と同じ）

雑魚寝は今はもうないが、客が芸舞妓と枕を並べてお茶屋に泊まることを指した。男女関係になってはならぬという不文律があり、皆でお座敷に集まり、おしゃべりしたり、眠くなれば横になるという有様だったという。長田幹彦は「舞妓殺し」、「野分のあと」、「淡雪」、「地主櫻」、「祇園しぐれ」、「祇園小唄」「舞扇」など京都の花街の情景を描いた数多くの作品を残した。

水上勉も京都花街を主題にした小説を多数残しているが、その中に『北野踊り』がある。周山町の丸太問屋の若主人に身請けされた上七軒の芸妓勝千代は、旦那が亡くなったため、西方寺（上七軒に実在する尼寺）の庵主に娘（赤子の智仙）を託して、再び芸妓に出た。庵主だけが知る母娘の関係。尼寺で美しい娘に育った智仙は、母親との関係を知らないままに得度する。北野をどりや上七軒の雰囲気が感じられる作品だ。

ノーベル賞作家の川端康成の『古都』には、上七軒のお茶屋「中里」や、芸妓、北野をどり、事始めの花街などが登場する。生き別れの双子の美しい姉妹が祇園祭の夜の七度参り（無言参り）の夜に偶然に出会い、若い娘の恋心や京都の美しい情景が描かれ、水彩画のような情緒が感じられる作品だ。

「無言参り」は、祇園祭の七月十七日の神幸祭から二四日の還幸祭まで四条通にあるお旅所にお神輿が飾られ、この期間にお旅所を毎夜一回ずつ七日間お参りして願を掛ける。家を出てから戻るまで、もし誰かに会っても、話しかけられても、決して声を出してはならない。途中でねえさんやお客さんに会ったらどうしようと思いながら、四条通を黙々と昔の舞妓は無言参りに通ったものだというが、今では日本髪を結った舞妓が夜中に一人で外出するのは目立ちすぎて危ないのと、人知れず願を掛けるような、奥ゆかしい舞妓もいなくなったとか。

祇園町をゆく神幸祭の神輿

水上勉の『京の川』は先斗町の芸妓静香が主人公。芸妓であった母親が亡くなった後、自分を引き取って義父となった庭師の鶴吉が本当の父親なのか、それとも母親を身請けした香取なのか……、静香は出生の秘密を胸に秘めながら、先斗町で生きて行く。花街や鴨川をどりの様子が描かれ、先斗町のお茶屋「井雪」も登場する。

歌舞伎役者と花街の関係
出雲阿国　藤十郎の恋　仮名手本忠臣蔵

菊地寛の『藤十郎の恋』には、若い頃宮川町の歌姫として美人の誉れが高かったお梶が登場する。歌舞伎役者藤十郎が、芸の糧にするためにと、冷酷に偽りの恋をお梶にしかける。それを知ったお梶はこのうえない辱めであり侮辱を受けたと打ちひしがれ、自殺してしまう。藤十郎は心の中で「藤十郎の芸の為には、一人二人の女の命は」と繰り返す。心にできた痛手は折に触れ彼を苛むが、お梶が亡くなったことにより、さらに藤十郎の芸は注目され、冴えていった。

宮川町は芸人が集まった地で、歌舞伎発祥の地ともいわれる。一六〇三年出雲大社の巫女と称する阿国が京都で念仏踊りを踊ってから、四条河原で阿国の歌舞伎踊りがさかんになった。奇しくも英国では、シェークスピアのハムレットが初演された年だった。歌舞伎踊りを見るために、元和年間（一六一五～一六二四年）に四条通の南側に三座、北側に二座、大和大路に二座と合計七つの櫓が公許された。現在は南座の西側に「阿国歌舞伎発祥地」という石碑が、川

阿国歌舞伎発祥地の石碑

端通沿いの四条大橋の北側には、阿国の像がある。

しかし、阿国歌舞伎は女性の肉体を強調し風俗を乱すからという理由で一六二九年に江戸幕府により禁止された。このため、女歌舞伎に代わって美少年が踊る歌舞伎踊り「若衆歌舞伎」が登場。女役には特に美しい少年が選ばれ、彼らの泊まる宿があったのが宮川町だった。若衆はお茶屋の宴会に呼ばれ、中世から武士や女犯を禁止されていた僧侶の世界に既に成立していた男色の対象となることがあり、彼らが春を売る蔭間《かげま》茶屋もあったといわれる。

しかし、若衆の中には芸を磨いて有名になり、江戸で、舞台専門に活動する者も出てきた。彼らが歌舞伎の女形の起こりとされる。現在の歌舞伎役者の屋号は、当時の若衆が出入りした宮川町の宿屋の屋号に由来するといわれ、当時の軒行灯には「音羽屋」とか「成駒屋」などという屋号が書かれていたといわれる。歌姫お梶と役者藤十郎の物語は、宮川町にみる芸の歴史の情感を伝えている。

祇園の一力茶屋が登場する歌舞伎の「仮名手本忠臣蔵」（二代目竹田出雲・三好松洛・並木千柳の合作）は広く知られ、家老大石内蔵助（作中では大星由良之助）が祇園、島原、伏見の遊里に通っていた情景を描いている。七段目に「祇園町一力の場」があり、「花に遊ばゞ祇園あたりの色揃へ、東方南方北方西方、彌陀の浄土に塗りに塗りたて、ぴつかりぴか〳〵、光かゞやくはくや藝妓にいかな粋めも、現ぬかして、ぐどんどろつくどろつくやワイワイノワイトサ」と始まり、目隠しした大星由良之助が遊び、「……捕へて酒飲まそ、とらまへて酒のまそ……」と酔った姿をさらすが、それも敵を欺く手段だった……。

彼が切腹したのは元禄十六年（一七〇三年）、旧暦の二月四日で、太陽暦では三月二〇日に当たる。これを偲び「一力」では「大石忌」が行われる。馴染み客を招き「深き心」（三世井上八千代振付、冷泉為紀作詞）を井上八千代師が舞い、一力で見習いをした芸舞妓が地唄「宿の栄」を舞い、抹茶やお蕎麦が振る舞われる。

それぞれの時代の文人たちが京都花街に遊び、芸舞妓や女将との交流を通して、様々な作品を世に出した。ここにはとても挙げ切れないほどの夥しい数の作品に花街が登場するのは、歓喜や悲哀、希望や絶望、恋の成就や失恋、成功や失敗、生と死……人間にかかわるありとあらゆるものを飲み込み、吐き出し、再生するしたたかさと力強さが、花街にあるからに違いない。

あとがき

書き終わって、たくさんの人たちの顔が目に浮かびます。おかあさん、芸妓さん、舞妓さん、花街の人たちとの長いお付き合いなしでは、書くことができない本でした。

今回、皆さんとのおしゃべりの中で出たお話、様々な機会にふと聞いたお話など、様々なことをまとめました。

大きいねえさんたちのお話の中に、吉井勇、谷崎潤一郎、水上勉、堂本印象、吉川観方などの著名な作家・芸術家や、おれん、松本佐多、磯田多佳など有名な芸妓さんも登場します。歴史上の人物とお付き合いがあったとは、まさに生きた歴史を感じました。

「本に書いて、よろしおすか?」と何度も確認しました。プライベートなこと、旦那さん、結婚、辛かったこと、嬉しかったことなどが、たくさん出てくるからです。それでも「どうもない」、「よろしおっせ」、「記念になりますわ」などと、答えて下さり、ここに公開することにしました。

それぞれの人生を、その人らしく、熱心に生きて行く姿に接し、美しい強さを感じました。当然のことながら、苦労ばかりの人生も、幸せばかりの人生もありません。そして、それが人生なのだと、改めて思いました。

私も勇気づけられ、快い気持ちです。

ご登場くださった皆さん、ありがとうございました。

二〇一二年二月　京都にて

相原恭子

引用・参考文献

『京都　舞妓と芸妓の奥座敷』　相原恭子著　相原恭子撮影　文春新書　二〇〇一年
『Geisha』 Carlton Books London Text and Original Photography by Kyoko Aihara 二〇〇〇年
『京都　花街　もてなしの技術』　相原恭子著　相原恭子撮影　小学館　二〇〇五年
『京都花街　ファッションの美と心』　相原恭子著　相原恭子撮影　淡交社　二〇一一年
『祇園　今に生きる伝統美』　溝縁ひろし撮影　日本交通公社　一九八五年
『花街志』　渡絵恵介　京都新聞　一九七三年連載
『幕末の京都をゆく　絵解き案内』　宗政五十緒、村上明子、西野由紀　小学館　一九九七年
『祇園と舞妓』　熊谷康次郎文、濱岡昇撮影　淡交社　一九七四年
『祇園　粋な遊びの世界』　溝縁ひろし撮影　淡交社　一九九五年
「祇園」『太陽』　一九七二年六月号収録　平凡社
「五世井上八千代襲名披露　京舞」　プログラム　二〇〇六年
『祇園抄』　小原源一郎　麹町出版　一九七九年
『京の花街』　渡会恵介　大陸書房　一九七七年

『京都遊郭見聞録』　田中泰彦編　京を語る会　一九九三年
『京のおんな』　依田義賢　駸々堂出版　一九七〇年
『古都』　川端康成　新潮文庫　一九七五年
『京の川』　水上勉　新潮文庫　一九八三年
「北野踊り」（『越後つついし親不孝』収録）　水上勉　新潮文庫　一九八九年
『藤十郎の恋』　菊池寛　新潮文庫　一九八二年
『モルガンお雪』　小坂井澄　集英社文庫　一九七五年
『吉井勇歌集』　吉井勇自選　岩波文庫　一九五二年
『北原白秋　吉井勇』　近代浪漫派文庫⑳　新学社　二〇〇六年
『京都の女性史』　京都橘女子大学歴史文化研究所編　思文閣出版　二〇〇二年
『京舞』　京都新聞編集局編　淡交新社　一九六〇年
『京舞井上流家元　三世井上八千代』　遠藤保子　リブロポート　一九九三年
『京都を救った豪腕知事』　明田鉄男　小学館　二〇〇三年
『漱石全集　第二十巻　日記』　岩波書店　一九九六年
『漱石全集　第二十四巻　書簡』　岩波書店　一九九七年
「青春物語」（『谷崎潤一郎全集　第十三巻』所収）　中央公論新社　一九八二年

「磯田多佳女のこと」（『谷崎潤一郎全集　第十三巻』所収）　中央公論新社　一九八二年
『祇園小唄』長田幹彦　　千代田書院　一九五三年
『舞扇』長田幹彦　春陽堂　一九一六年
『祇園しぐれ』長田幹彦　江戸書院　一九四六年
「祇園」（大衆文学大系20『祇園夜話』所収）　講談社　一九七二年
『幕末明治美人帖　愛蔵版』　ポーラ文化研究所編　新人物往来社　二〇〇二年
物語日本文学『仮名手本忠臣蔵』　竹田出雲他　至文堂　一九五三年
『祇園の女　文芸芸妓磯田多佳』　杉田博明　新潮社　一九九一年
『明治維新と京都』　小林丈広　臨川書店　一九九八年
『維新侠艶録』　井筒月翁　中公文庫　一九八八年

※各章の「京都花街　歴史を作った奥座敷」の文章については、「ＮＨＫ知るを楽しむ　歴史に好奇心」（二〇〇七年六・七月号　日本放送出版協会）及び「男の隠れ家」（二〇一〇年四月号　株式会社　グローバルプラネット）に掲載された、著者による記事を基に加筆・修正しています。

相原恭子（あいはらきょうこ）

作家・写真家。
横浜市生まれ。慶應義塾大学文学部（哲学科美学美術史）卒業。ドイツ政府観光局勤務を経て、ヨーロッパと京都の花街をテーマに執筆・撮影・講演を続ける。英国の出版社 Carlton Books London から、ヨーロッパに造詣が深く外国人に日本を語れる日本人に選ばれ英語の著書『Geisha』を刊行。仏語版（soline）、ハンガリー語版（DEE-SIGN）も刊行されて好評発売中。『京都 舞妓と芸妓の奥座敷』（文春新書）、『京都花街 もてなしの技術』（小学館）、『未知の京都 舞妓と芸妓』（弘文堂）、『京都花街 ファッションと美の心』（淡交社）、『もっと知りたい！ドイツビールの愉しみ』（岩波書店）、『ベルギー美味しい旅』（小学館）など著書多数。国内・海外で写真展を続ける。

京都花街 舞妓と芸妓のうちあけ話
～芸・美・遊・恋・文学 うちらの奥座敷へようこそ～

2012年3月2日初版発行

著　者　相原恭子
発行者　納屋嘉人
発行所　株式会社　淡交社
　　　本社　京都市北区堀川通鞍馬口上ル
　　　　　営業　(075) 432-5151
　　　　　編集　(075) 432-5161
　　　支社　東京都新宿区市谷柳町 39-1
　　　　　営業　(03) 5269-7941
　　　　　編集　(03) 5269-1691
　　　http://www.tankosha.co.jp
印刷・製本　図書印刷株式会社
装　丁　山平舎 小林正和

ISBN978-4-473-03800-5